초저출생 시대 공교육 혁신의 기회로

초등 전일제가 답이다

초저출생 시대　공교육 혁신의 기회로

초등 전일제가 답이다

장윤숙 지음

한울림

전일제로 바뀌는
아이들의 하루

오전 8시 30분, 대한민국 서울.

초등학생 A가 등교한다. 4교시까지 국어, 수학, 통합교과 수업을 마치면 정규 수업은 끝이다. 점심을 먹고 난 뒤 아이들의 행선지는 제각각 갈라진다. 누구는 돌봄교실로 향하고, 누구는 방과후 프로그램에 참여한다. A는 수학, 영어, 피아노까지 학원 세 곳을 오가며 오후를 보낸다. 학원 간 이동 시간까지 포함하면 하루는 숨 쉴 틈 없이 흘러간다. 저녁 8시가 가까워서야 집에 돌아오지만, 아직 그날 숙제가 남아 있다. 다시 책상 앞에 앉지만, 하루 에너지는 이미 바닥난 상태다.

오전 8시 30분, 독일 프라이부르크.

초등학생 B도 같은 시각에 학교에 도착한다. 오전에는 언어와 수학 중심의 기초 수업이 있다. 학교 식당에서 점심을 먹고 나면, 오후 시간은 만들기, 체육, 음악 같은 활동들로 채워진다. 때로는 프로젝트 학습이나 독서활동에도 참여한다. 정규 수업과 돌봄, 창의활동이 하나의 시간표 안에 짜여 있어 학교 밖으로 이동할 필요가 없다. 오후 3시 30분이 되면 집으로 돌아온다. 이후 시간은 가족들과 함께 보낸다.

같은 시각에 등교하지만, 두 아이의 하루는 전혀 다르게 흘러간다. A는 학교 수업이 끝나자마자 학원을 전전하며 쪼개진 하루를 보내고, B는 학교 안에서 하루 전체를 마무리한다. 한쪽은 학교와 학원 사이를 오가며 시간에 쫓기고, 다른 한쪽은 한 공간 안에서 배움과 놀이, 돌봄이 자연스럽게 연결된 하루를 살아간다. 극명하게 갈리는 두 아이의 하루는, 우리 초등교육의 현실을 적나라하게 보여준다.

차이는 정규 수업이 끝난 뒤부터 시작된다. 우리나라 초등학교는 여전히 오전 수업 중심 구조에 머물러 있다. 정규 수업이 끝난 이후의 시간은 제도적으로 학교의 책임에서 벗어나 있으며, 그 공백은 고스란히 가정이 떠안는다.

이를 보완하기 위해 돌봄교실과 방과후학교, 최근에는 늘봄학교까지 운영되고 있지만, 이마저도 정규 수업과는 동떨어진 별도의 프로그램에 가깝다. 지역과 학교에 따라 프로그램의 종류나 질도 천차만별이다. 누군가는 풍성한 활동을 경험하는 반면, 누군가는 빈 교실에서 시간을 보낸다. 이렇게 같은 공교육 안에서도 아이마다 겪는 하루는 너무도 다르게 펼쳐진다.

학교가 하루 전체를 책임지지 못하면서, 그 빈자리를 자연스럽게 사교육이 채우고 있다. 아이들은 학교와 학원, 돌봄시설을 오가며 쪼개진 하루를 보내고, 부모는 시간과 비용을 들여 아이의 일정을 관리하느라 분주하다. 그사이 공교육의 영향력은 갈수록 약해지고 있다. 이러한 흐름을 바꾸기 위해 필요한 것이 바로 전일제 학교 운영이다.

전일제는 단순히 학교에 오래 머무르게 하는 제도가 아

니다. 학교라는 하나의 공간 안에서 아이가 배우고, 놀고, 쉬며, 안전하게 생활할 수 있도록 하루의 흐름을 통합적으로 구성하는 운영 방식이다. 전일제의 본질은 '무엇을 더 한다'에 있지 않고, 아이들의 학습과 돌봄, 휴식과 활동이 유기적으로 연결되도록 시간과 공간을 재구성하는 데 있다.

학교가 일정을 잠시 소화하는 곳이 아니라 아이들이 스스로 머물고 싶은 공간이 되려면, 공교육의 구조부터 다시 설계해야 한다. 그 변화는 A가 겪는 하루를 바꾸는 데서 시작된다.

아이의 하루가 바뀌어야, 공교육의 내일도 달라질 수 있다.

장윤숙

1장

70년간 지속된
초등 공교육 시스템,
이제 변해야 한다

늘봄학교가 2024년 2학기부터 전국 초등학교에서 본격적으로 시행되었다. 이 제도는 희망하는 초등학생이라면 누구나 아침 7시부터 저녁 8시까지 돌봄 혜택을 받을 수 있도록 설계되었다. 국가가 돌봄 책임을 강화해 방과후 공백을 해소하고, 사교육 의존도를 낮춰 교육비 부담을 줄이겠다는 취지였다. 그러나 기대와 달리 늘봄학교는 시행 초기부터 여러 문제를 드러냈다. 프로그램 운영에 필요한 인력, 예산, 공간이 충분히 마련되지 않은 상태에서 서둘러 시행된 탓에 학교 현장에서는 크고 작은 혼란이 이어지고 있다.

운영상의 혼란보다 더 심각한 문제는 제도 자체가 지닌 구조적 한계에 있다. 늘봄학교는 초등교육 정책임에도 '교육'보다는 '돌봄'에 무게가 실려 있다. 다시 말해, 배움의 질을 높이는 데 집중하기보다는, 아이를 얼마나 오래

학교에 머물게 할 수 있느냐에 초점이 맞춰져 있는 셈이다. 돌봄 시간 확대라는 눈에 띄는 성과에만 몰두한 나머지 공교육의 질적 혁신이라는 본질적인 과제는 뒤로 밀려났다.

초등 의무교육이 시작된 지 벌써 70년이 흘렀다. 그동안 우리 사회는 공교육을 개선하기 위해 다양한 제도와 정책을 시도해왔다. 하지만 정권이 바뀔 때마다 이름만 달라지는 선심성 정책들이 반복되면서 근본적인 변화는 이루어지지 않았다. 이제는 보여주기식 변화가 아닌, 지속 가능한 공교육 혁신을 위한 실효성 있는 대책이 필요한 시점이다.

이어지는 글에서는 지난 70년간 초등 공교육 혁신의 노력이 왜 계속 좌절되었는지를 구조적인 관점에서 살펴보고, 현재 공교육 시스템이 안고 있는 한계를 중심으로 우리가 지향해야 할 구체적인 개선 방안을 제안하려 한다.

달라진 세상,
멈춰 있는 학교

　오늘날 사회는 하루가 다르게 변화하고 있다. 인공지능과 디지털 기술의 발전, 가족 형태와 일하는 방식의 변화는 우리 삶 곳곳에 영향을 미치고 있으며, 아이들이 살아갈 미래도 지금과는 상당히 다른 모습일 가능성이 크다. 이 변화 속도는 앞으로 더욱 빨라질 것이다.

　하지만 교육 현장의 변화는 이런 속도를 체감하기 어려울 정도로 더디다. 특히 초등 공교육은 획일화된 교육과정, 정형화된 수업 운영, 담임교사 중심의 수업 구조, 단일한 교사 양성 제도 등 1950년대에 설계된 시스템을 지금까지 유지하고 있다. 이것이 교육과 현실 사이의 간극을 키우고, 학교 현장 곳곳에서 갈등과 불만을 불러일으키는 원인이 되고 있다. 구체적으로 어떤 문제가 있는지 하나하나 살펴보자.

획일화된 교육과정

우리나라 교육과정은 학년별·교과별 성취기준, 기준 시수 등 세세한 항목까지 국가 수준에서 정해놓는다. 전국의 모든 학생이 똑같은 시기에 똑같은 내용을 배우도록 설계되어 있다. 이러한 일률적이고 획일화된 교육과정은 지역과 학교, 학생의 다양성을 반영하기 어렵게 만든다.

게다가 교과 중심의 교육과정 운영도 꾸준히 문제로 지적되어 왔다. 1954년 1차 교육과정 이후 경험 중심, 생활 중심, 역량 중심 등 다양한 방향이 제시되었지만, 대부분 문서상의 선언에 그쳤을 뿐 실제 교육 현장에서는 제대로 실현되지 못했다. 지금도 교실에서는 여전히 교과서 중심의 수업이 이루어지고 있다.

이처럼 여백 없이 촘촘하게 짜인 교과 중심의 교육과정은, 교사에게 수업을 자율적으로 설계하거나 유연하게 재구성할 여지를 거의 남기지 않는다. 결과적으로 수업은 지식 전달 위주로 흐르기 쉽고, 학생의 능동적 참여나 사고를 이끌어내기도 어렵다.

교육과정은 단지 '무엇을 가르칠 것인가'를 넘어 '어떻게 배울 것인가'를 함께 담아야 한다. 하지만 지금의 교육과정은 배움의 다양성과 유연성을 허용하지 않는 구조에 머물러 있다.

정형화된 수업 운영

지금과 같은 '40분 수업, 10분 휴식'이라는 정형화된 수업 운영은 교사가 일방적으로 지식을 전달하기에 유리한 방식이다. 학생 개개인의 학습 특성과 발달 수준을 반영하지 못하기 때문에 맞춤형 교육을 실현하기 어렵다.

예를 들어, 예체능이나 과학 실험 같은 활동 중심 과목은 준비나 정리까지 포함하면 40분이라는 시간이 짧아, 학습의 흐름이 끊기기 쉽다. 반대로 설명이 많은 국어나 수학 같은 과목은 초등 저학년 학생들이 집중력을 유지하기 어려워, 오히려 학습 효과가 떨어질 수 있다. 즉, 모든 교과에 같은 수업 시간을 배정하는 것은 각 과목의 특성과 학습 난이도를 반영하지 못한다는 점에서 효율적이지 않다.

　특히 아직 어린 학생들에게는 지식 습득뿐 아니라 놀이나 신체활동도 중요하다. 그런데 쉬는 시간 10분은 화장실을 다녀오고, 다음 수업을 준비하기에도 빠듯한 시간이다. 아이들의 학습 능력과 신체 능력이 균형 있게 발달할 수 있도록 수업 시간을 유연하게 운영할 필요가 있다.

담임교사 중심의 수업 구조

　초등학교는 중고등학교와 달리 담임교사가 거의 모든 과목을 직접 가르친다. 한 교사가 여러 과목을 가르치다 보니 수업의 질에서 편차가 생기기 쉽다. 특히 전문성이 요구되는 과학이나 예체능 같은 과목에서는 수업의 깊이나 정확성 면에서 한계가 드러날 수밖에 없다.

게다가 담임교사는 수업뿐 아니라 학생 생활지도, 상담, 학부모 응대, 각종 행정 업무에 이르기까지 폭넓은 역할을 동시에 수행한다. 이처럼 다양한 업무가 한 교사에게 집중되다 보니, 깊이 있는 수업을 준비할 시간과 에너지를 확보하기 어려운 실정이다.

오늘날 교육 내용은 더욱 다양해지고, 학생들의 요구도 점점 세분화되고 있다. 그 어느 때보다 교사의 전문성과 수업에 대한 집중도가 중요한 시점이다. 그러나 여전히 담임교사 중심으로 학급이 운영되면서, 교사가 '수업'이라는 본연의 역할에 몰입하기 어려운 상황이 계속되고 있다. 이로 인해 수업의 완성도는 떨어지고, 학생들이 경험할 수 있는 학습의 폭 또한 제한될 우려가 크다.

따라서 담임교사의 업무 부담을 덜어주면서도 수업의 전문성과 다양성을 확보할 수 있는 제도적 방안이 필요하다. 먼저 전문성이 요구되는 과목부터 전담교사 제도를 단계적으로 확대해야 한다. 또한 팀 티칭이나 교사 간 협력 수업도 좋은 대안이 될 수 있다. 이러한 유연한 수업 운영은 학생들에게는 보다 풍부한 학습 경험을, 교사들에게는 전문성을 살릴 수 환경을 제공해 줄 것이다.

단일한 교사 양성 제도

우리나라에서 초등학교 교사가 되는 길은 매우 제한적이다. 대부분의 교사는 교육대학이나 일부 종합대학의 초등교육과를 졸업한 뒤, 임용시험을 거쳐 교단에 선다. 이러한 제도는 교사의 기본 자질을 확보하고 교육의 안정성을 유지하는 데 많은 도움이 되었지만, 오늘날 빠르게 변화하는 교육 환경과 미래 역량을 반영하기에는 제도적 한계가 분명하다.

무엇보다 교사 집단의 다양성이 부족하다. 요즘은 국어, 수학, 사회 같은 전통적인 교과뿐 아니라 인공지능, 디지털 콘텐츠, 데이터 활용 등 새로운 분야에 대한 교육적 요구가 증가하고 있다. 이러한 변화를 수업에 반영하려면 다양한 전공과 경력을 가진 교사들이 교육 현장에 참여할 수 있어야 한다. 그러나 현재의 초등교사 임용 제도는 이들에게 초등교육으로 진입할 수 있는 통로를 거의 열어두지 않는다. 그로 인해 학생들은 더 넓은 세상을 경험하고, 미래 사회와 연결지어 배울 수 있는 기회를 제한받고 있다.

또 다른 문제는 교사 인력 배치의 불균형이다. 해마다 많은 예비 교사들이 배출되지만, 학교 현장의 실제 수요와는 맞아떨어지지 않는다. 도시에는 지원자가 몰리는 반면, 농어촌이나 도서 지역 또는 특정 과목에서는 교사가 부족한 상황이 반복되고 있다. 학교에서는 교과 전담교사를 늘려야 한다는 목소리가 커지고 있지만, 지금의 교사 양성 제도로는 현장의 다양한 요구에 민감하게 대응하기 어렵다.

게다가 교사를 키우는 교육과정도 다소 경직되어 있다. 이론 중심의 강의가 많고, 실제 학교 현장을 경험해 볼 수 있는 기회는 많이 부족하다. 그러다 보니, 막상 교단에 서게 되었을 때 실제 수업이나 학생 지도, 학급 운영 등에 어려움을 겪는 교사들이 많다.

지금의 교사 양성 제도는 일정 수준의 안정성을 확보할 수 있지만, 교육의 다양성이나 학교 현장의 빠른 변화에 유연하게 대응하기에는 한계가 있다. 앞으로 다양한 배경과 경험을 가진 전문가들이 초등교육에 참여할 수 있도록 교사 수급 방식을 보다 개방적인 구조로 바꿔나갈 필요가 있다.

　사회는 끊임없이 변화하고 있지만, 학교는 여전히 익숙한 방식에 머물러 있다. 70년 넘게 큰 변화 없이 유지되어 온 초등 공교육 시스템이 오늘날의 교육적 요구를 반영해 제대로 작동하고 있는지 되돌아볼 때다.

저비용·고효율 전략으로 자리 잡은
초등 의무교육

"모든 국민은 그 보호하는 자녀에게 적어도 초등교육과 법률이 정하는 교육을 받게 할 의무를 진다."

우리나라는 헌법에 초등교육을 의무로 규정하고 있다 (대한민국헌법 제31조 2항). 다른 나라도 비슷하다. 국가마다 의무교육 기간은 조금씩 다르지만, 대다수 국가는 초등교육을 아동이 의무적으로 받아야만 하는 교육으로 법에 정해놓고 있다.

의무교육 제도는 1819년 독일의 옛 국가였던 프로이센 왕국에서 처음 시작되었다. 당시 프로이센은 교육을 통해 아동을 사회화하고, 국가 발전에 필요한 인재를 길러내는 것을 목표로 삼았다. 이러한 교육 모델은 이후 여러 국가에 영향을 주었으며, 특히 일본은 이를 적극적으로 받아들여 자국의 의무교육 제도를 만들었다.

우리나라 초등 의무교육 제도는 해방된 후 일제강점기의 잔재와 함께 일본식 모델을 그대로 답습하면서 출발했다. 독일에서 시작된 의무교육 제도가 일본을 거쳐 우리 사회에 비교적 쉽게 자리 잡을 수 있었던 배경에는, 봉건적 사회질서와 가부장적 전통이라는 문화적 유사성이 있었다. 여기에 국가 주도로 의무교육을 추진하면서 정책 결정이 위에서 아래로 일방적으로 전달되는 방식이 뿌리내리게 되었다. 이는 이후 공교육 전반의 운영 방식에도 큰 영향을 끼쳤다.

이러한 제도적 기반 위에서 우리나라는 1950년 6월부터 초등학교 6년을 무상으로 하는 의무교육 제도를 도입

했다. 그러나 같은 해 한국전쟁이 일어나면서 이를 실제로 시행하기는 어려웠다. 전쟁 피해가 어느 정도 수습된 1954년에 이르러서야 비로소 의무교육을 본격적으로 시행할 수 있었다.

당시 우리나라는 전쟁으로 인해 많은 시설이 파괴되고, 식량까지 외국의 원조를 받는 빈곤한 상황이었다. 이러한 혼란 속에도 국가는 '의무교육완성 6개년 계획'을 수립하며, 의무교육 제도를 정착시키는 데 힘을 쏟았다. 이 계획의 목표는 의무교육 도입 이전에 64%에 머물렀던 취학률을 1959년까지 96%로 끌어올리는 것이었다. 이는 거의 모든 취학연령의 아동에게 초등 의무교육을 받게 하겠다는 선언이나 다름없었다. 실제로 1959년 취학률은 96.4%를 기록하며 목표를 초과 달성했다.

그러나 취학률의 급격한 상승은 교육 현장에 큰 부담으로 이어졌다. 학교마다 갑자기 몰려든 학생들로 인해 극심한 혼란이 발생했다. 교실은 물론이고, 교사마저 턱없이 부족했다. 일부 학교에서는 운동장에 임시 천막을 설치해 수업을 진행할 정도였다.

이러한 상황에 대응하기 위해 정부는 반일제 수업, 거대학교 구축, 국가 주도의 교사 양성 등 속도와 효율을 앞세운 정책들을 적극 추진했다. 그중에서도 반일제 수업은 교실 부족 문제를 완화하는 데 일정 부분 기여했다. 많은 학교가 하루 수업을 오전반과 오후반으로 나누어 운영하면서, 제한된 교실 공간을 최대한 활용할 수 있었다.

그럼에도 빠르게 늘어나는 학생 수를 감당하기에는 역부족이었다. '콩나물 교실'이라는 자조적인 말이 유행할 만큼 교실은 학생들로 가득 찼다. 대부분의 교실에는 70~80명이 넘는 학생들이 빼곡히 들어찼고, 일부 학급은 100명을 넘기기도 했다.

학교와 교실이 워낙 부족하다 보니 이를 늘리는 일이 시급한 과제로 떠올랐다. 싸고 빠르게 학교를 짓기 위해 건물 설계를 최대한 단순화했다. 1962년부터는 '학교시설 표준설계도'를 제정해 획일화된 형태의 건물을 신속하게 공급했다. 그 결과, 거대학교들이 전국 곳곳에 생겨나기 시작했다.[1]

콩나물교실은 학생들이 빽빽하게 들어찬 비효율적인 수업환경을,
거대학교는 규모만 큰 비개인화된 교육 구조를 상징하는 말이다.
둘 다 양적 성장 중심의 교육정책이 만든 부작용이라 할 수 있다.

또한 교사 인력을 서둘러 확보하기 위해 국가 주도로 단일한 교사 양성 제도를 마련했다. 임시로 초등교사양성소를 설치해 단기 과정으로 교사를 양성하는 한편, 일반 고등학교에도 교직과정을 두어 이수자에게 준교사 자격을 부여했다.

1962년에는 초등교사 양성을 보다 체계화하기 위해 2년제 교육대학이 설립되었다. 교사 양성 과정을 표준화하려는 첫 시도였지만, 졸업 후 이직률이 높아지면서 학교는 다시 만성적인 교사 부족 문제에 시달렸다. 많은 교사들이 더 나은 급여와 처우를 찾아 산업현장으로 떠났기 때문이다. 이에 국가는 교육대학 수를 늘리고, 모집 정원도 대폭 확대했다. 교육대학 졸업자에게는 초등학교 2급 정교사 자격증이 바로 주어졌고, 별도의 임용시험 없이 교사로 채용되었다.

그 결과 초등교사 수는 빠르게 늘어나 1960년 61,749명에서 1970년에 10만 명을 넘어섰다. 그러나 학생 수는 점점 줄어드는 반면, 교육대학에서는 여전히 많은 졸업생이 배출되면서 '교사 과잉' 문제가 수면 위로 떠올랐다. 1974년

교육대학 졸업생의 취업률이 10% 미만으로 떨어지는 지경에 이르자 국가는 교육대학 수와 모집 정원을 대폭 줄이기 시작했다. 1979년에는 전국 교육대학 중 5곳을 폐교하고, 11개 시도에 하나씩만 남기는 구조조정을 단행했다. 이어서 1981년부터는 교육 기간을 2년제에서 4년제로 연장해 배출 속도를 늦추는 방식으로 초등교사 수를 조절했다.[2]

연도별 초등교사 인원 수

연도	합계	국·공립	사립
1945	13,064	n/a	n/a
1950	47,248	n/a	n/a
1955	47,020	n/a	n/a
1960	61,749	n/a	n/a
1965	79,164	78,562	602
1970	101,095	99,683	1,412
1975	108,126	106,680	1,446
1980	119,064	117,644	1,420
1985	126,785	125,316	1,469

1990	136,800	135,157	1,643
1995	138,369	136,624	1,745
2000	140,000	138,309	1,691
2005	160,143	158,409	1,734
2010	176,754	174,901	1,853
2015	182,658	180,891	1,767
2020	189,286	187,530	1,756

　　이렇듯 우리나라 초등교육은 저비용·고효율 전략을 바탕으로 빠른 양적 성장을 이루어냈다. 하지만 그 과정에서 크고 작은 시행착오와 함께 구조적인 한계들이 서서히 드러나기 시작했다. 예를 들어, 과밀학급 문제는 전일제 수업 운영이나 학생 수준에 맞는 맞춤형 교육의 도입을 어렵게 만들었고, 전국 어디서나 획일화된 학교 구조는 다양한 학습 환경을 제공하는 데 걸림돌이 되었다. 아울러 학생 수가 급격히 줄어드는 상황에서도 교사 정원이 탄력적으로 조정되지 않아 학교에서는 필요한 인원을 배치하는 데 어려움을 겪고 있다.

　　무엇보다도 본질적인 문제는, 사회와 교육 환경이 크게

달라졌음에도 초등교육 정책이 여전히 저비용·고효율 전략에 머물러 있다는 점이다. 변화된 시대적 요구를 반영하지 못한 낡은 정책과 관성화된 시스템이 오늘날 초등교육의 질적 혁신을 가로막고 있다.

초등학교 수업 시간
OECD 국가 중 꼴찌

2023년 기준 우리나라 초등학교의 연간 정규 수업 시간은 655시간으로, OECD 평균인 805시간보다 무려 150시간이나 적다. EU25 평균인 738시간과 비교해도 상당히 뒤처진다. 주당 수업 시간 역시 23시간에 그쳐 미국(30~33시간)이나 캐나다(30시간)에 비해 확연히 낮은 수준이다.[3]

초등학교 연간 정규 수업 시간(2023)

미국	캐나다	호주	프랑스	핀란드	일본	한국	OECD 평균	EU25 평균
974	922	1000	864	693	778	655	805	738

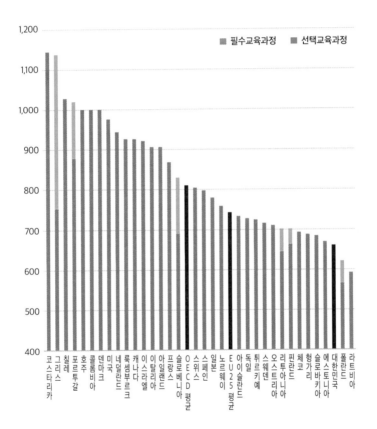

물론 국가마다 수업시간을 산정하는 방식에는 차이가 있다. 일부 국가는 쉬는 시간을 포함하기도 하고, 지역이나 학교의 재량에 따라 수업 시간을 유연하게 조정하는 경우도 많다. 그러나 이런 점을 감안하더라도 우리나라 초등학교의 정규 수업 시간이 절대적으로 부족하다는 사실은 분명하다.

그렇다면 왜 우리나라 초등학교의 수업 시간은 OECD 평균보다 훨씬 적은 걸까? 그 차이는 '하루 수업 시간'에서 비롯된다. 우리나라의 연간 수업일수는 190일로, 오히려 OECD 평균인 185일보다 더 많다. 하지만 하루 평균 수업 시간은 3.4시간에 불과해, OECD 평균인 4.4시간보다 1시간이나 짧다. 결과적으로 수업일수는 더 많아도 하루 수업이 짧기 때문에 연간 수업 시간에서 뒤처질 수밖에 없다.

이러한 수업 시간 운영은 1950년대 의무교육 도입과 함께 시작되었다. 당시 심각했던 교실과 교사 부족 문제를 해결하기 위해 시행된 반일제 수업이 별다른 제도적 개편 없이 지금까지 이어져 오면서, 짧은 하루 수업이 당연한 운영 방식처럼 굳어진 것이다. 빠르게 변화하는 사회와 교육 환경에 공교육이 제때 대응하지 못한 대표적 사례라 할 수 있다.

현재 OECD 국가 중 반일제 수업을 유지하는 나라는 한국과 남아프리카공화국, 단 두 곳뿐이다. 다른 국가들은 20세기 중반부터 전일제 학교를 도입하고 점차 확대해 왔다. 그중에서도 독일은 전일제 전환에 있어 주목할 만한 성과를 거둔 사례로 꼽힌다.

독일은 2003년부터 초등학교를 반일제에서 전일제로 전환하기 시작했다. 도입 시기는 다른 유럽 국가들보다 다소 늦었지만, 국가가 정책을 주도하면서 단기간에 전일제 학교를 전국적으로 확대할 수 있었다. 2021년에는 관련 법을 제정해 2026년부터 모든 학년이 전일제 교육을 받도록 의무화했다.[*]

이렇듯 대다수 OECD 국가들은 초등 전 학년이 같은

---

[*] 전일제 돌봄 지원법(Ganztagsförderungsgesetz). 연방정부와 주정부가 예산을 분담해 전일제 운영에 필요한 인프라 확충과 인력 확보, 프로그램 질 향상 등을 지원한다. 이 법에 따라 학교는 학부모가 원할 경우 최소 8시간 교육과 돌봄을 제공해야 한다.

시간에 수업을 시작하고 마치는 전일제 학교를 보편적으로 운영하고 있다. 반면 우리나라 국공립 초등학교는 반일제로 운영되고 있으며, 1~2학년, 3~4학년, 5~6학년으로 나뉘어 학년마다 수업을 마치는 시간이 각기 다르다. 그래서 학년별로 수업 시간의 편차도 큰 편이다. 특히 저학년은 오전에 수업이 몰려 있고, 오후에는 정규 수업이 거의 없는 구조다. 비어 있는 오후 시간은 방과후학교나 돌봄교실로 채워진다.

겉보기에는 학교에 머무는 시간이 비슷하고, 교실에서 운영되는 경우가 많기 때문에 돌봄이나 방과후 프로그램이 전일제와 크게 다르지 않다고 생각할 수 있다. 하지만 수업의 성격이나 운영 주체, 교육 내용 등 거의 모든 면에서 본질적인 차이가 있다.

정규 수업은 국가 교육과정에 따라 담임교사가 책임지고 운영하지만, 돌봄이나 방과후 프로그램은 대부분 외부 위탁업체나 시간제 강사가 맡는다. 이로 인해 지역·학교·운영 주체에 따라 제공하는 프로그램의 내용과 질이 크게 달라질 수밖에 없다. 당연히 교사 전문성이나 정규 수업과의 연속성을 확보하기도 어렵다. 실제로 지방 소도시나 농어촌 지역의 학교는 프로그램을 내실 있게 운영할 전문 강사를 구하지 못해 수업의 질이 떨어지는 경우가 많다.

또한 수업 시간이 짧으면 교사와 학생 간의 상호작용도 줄어들 수밖에 없다. 교사는 학생 한 명, 한 명의 학습 상태를 세심하게 살필 여유가 없고, 학생 역시 질문하거나 스스로 탐구할 기회를 갖기 어렵다. 결국 수업 시간의 부족은 배움의 질을 떨어뜨리는 결과로 이어진다.

이러한 문제를 해결하려면, 돌봄이나 방과후 프로그램을 확대하는 것만으로는 부족하다. 선택적이고 보완적인 대책에 머무를 것이 아니라, 학교에서 이루어지는 정규 수업을 실질적으로 강화하는 방향으로 제도를 개선할 필요가 있다.

공교육 불신에서 자란
사교육

    2025년 3월 통계청과 교육부가 발표한 〈2024년 초중고 사교육비 조사 결과〉에 따르면, 2024년 사교육비 총액은 29조 2,000억 원으로 역대 최대치를 기록했다. 1년 사이 학생 수는 8만 명이 감소했는데, 사교육비는 2조 1,000억 원이나 증가한 것이다. 전년 대비 7.7% 늘어난 수치다. 사교육 참여 학생의 1인당 월평균 사교육비는 59만 2,000원으로 전년 대비 7.2% 상승했다.

사교육을 시작하는 시기도 점점 빨라지고 있다. 특히 초등 저학년부터 사교육을 통한 선행학습이 보편적인 현상으로 자리 잡아가고 있다. 이러한 변화는 사교육비 지출 규모에서도 분명하게 드러난다. 2024년 기준 초등학교의 사교육비 총액은 13조 2,000억 원으로, 중학교(7조 8,000억 원)나 고등학교(8조 1,000억 원)보다 훨씬 많다. 전체 학생 1인당 월평균 사교육비 역시 44만 2,000원으로, 전년 대비 4만 4,000원(11.1%)이 증가해 초·중·고 가운데 가장 큰 폭으로 상승한 것으로 나타났다.[4]

학교급별 학생 1인당 월평균 사교육비

(단위: 만 원, %)

구분	전체 학생				참여 학생			
		초등학교	중학교	고등학교		초등학교	중학교	고등학교
2023년	43.4	39.8	44.9	49.1	55.3	46.2	59.6	74.0
2024년	47.4	44.2	49.0	52.0	59.2	50.4	62.8	77.2
증감률	9.3	11.1	9.0	5.8	7.2	9.0	5.3	4.4

초등학생의 사교육비는 2000년대 초반부터 꾸준히 증가해왔다. 2006년 방과후학교가 도입된 뒤 2015년까지 안정된 수준을 유지했지만, 2016년 이후로는 매년 가파른 상승세를 보여왔다. 코로나 펜데믹으로 학원에 가지 못했던 2020년에만 일시적으로 감소했을 뿐, 사교육비는 해마다 늘어나 2024년 13조 2,000억 원으로 역대 최대치를 기록했다.[5]

초등학생 사교육비 연도별 추이

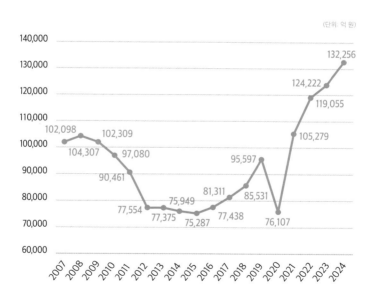

(단위: 억 원)

조사 결과가 보여주듯 오늘날 한국에서 사교육은 일상이 되었다. '학교에서는 시간만 때우고, 공부는 학원에서 한다'는 말이 더 이상 낯설지 않다. 이러한 뒤틀린 교육 현실을 단순히 학부모의 욕심이나 경쟁 심리 탓으로만 돌리기는 어렵다. 근본적인 원인은 70년 넘도록 변화 없이 이어져 온 공교육의 구조에 있다.

공교육 부족과 사교육 과잉의 악순환 고리

우리나라 공교육은 1960~1980년대 빠른 양적 성장을 이루기 위해 '표준화'를 핵심 원칙으로 삼았다. 모든 학생이 같은 교과서로 배우고, 같은 속도로 진도를 나가며, 같은 방식으로 시험을 치르는 것이 당연한 일이었다. 당시로서는 효율성을 극대화하기 위한 전략적 선택이었다. 문제는 그 시스템이 지금까지도 거의 변하지 않았다는 점이다.

요즘도 대부분의 초등학교에서는 20명 안팎의 학생이 한 교실에 모여 같은 수업을 듣는다. 여전히 교사는 정해진 시간 안에 진도를 나가느라 바쁘고, 학생들은 정답을

맞췄는지 여부로 성취를 평가받는다. 예나 지금이나 학생 개개인의 수준이나 흥미, 학습 속도 등을 고려한 수업은 이루어지기 힘든 구조다.

특히 초등 저학년의 경우 반일제 수업으로 인해 정규 수업 시간이 절대적으로 부족하다. 심화 학습은커녕 기초 개념조차 제대로 익히지 못한 채 다음 학년으로 올라가는 아이들이 적지 않다. 그러다 보니 많은 학부모가 학교 수업만으로는 자녀의 교육이 충분하지 않다고 느끼고, 부족한 부분을 채우기 위해 사교육에 의지한다.

이러한 경향은 '(참여 학생) 과목 및 학년별 초등학생 1인당 월평균 사교육비' 통계에서도 뚜렷하게 나타난다. 국어·영어·수학 같은 주요 과목에 지출이 집중되어 있다는 점은, 아이의 수준에 맞춘 개별 학습을 바라는 학부모의 욕구가 크다는 사실을 말해준다. 또 하나 눈에 띄는 것은 예체능 분야에서의 지출이 적지 않다는 점이다. 이는 학교에서 경험하기 어려운 체험 중심 활동이나 창의적 배움을 사교육을 통해서라도 채우고 싶어 하는 학부모들의 바람이 반영된 결과로 보인다.[6]

(참여 학생) 과목 및 학년별 초등학생 1인당 월평균 사교육비

(단위: 만 원, %)

구분	전체	일반 교과					예체능 및 취미·교양
			국어	영어	수학	사회 과학	
2022년	43.7	36.3	8.1	20.4	14.0	7.2	20.3
2023년	46.2	38.2	8.9	21.4	14.8	7.4	21.4
2024년	50.4	41.4	10.0	23.2	16.5	8.0	22.9
증감률	9.1	8.4	12.4	8.4	11.5	8.1	7.0
초등학교	50.4	41.4	10.0	23.2	16.5	8.0	22.9
1학년	42.9	32.9	9.2	24.2	11.5	7.6	23.9
2학년	47.7	35.2	9.2	22.9	12.7	7.7	25.2
3학년	51.6	40.3	9.9	23.3	14.7	7.2	24.2
4학년	52.2	41.6	9.1	22.5	16.6	7.6	22.5
5학년	54.3	47.1	11.2	23.6	19.6	8.7	20.3
6학년	52.0	47.2	11.9	23.3	20.1	8.5	20.4

물론 학교 수업만으로 모든 학습을 충족시키기는 어려울 수 있다. 그럴 때 사교육을 통해 부족한 부분을 보완하는 것은 자연스러운 일이다. 문제는 사교육이 보조 수단을 넘어, 공교육을 대체하는 또 하나의 교육 시스템처럼 자리 잡고 있다는 점이다. 실제로 많은 학부모가 학업 성취에 있어 학교 수업보다 학원 공부를 더 중요하게 여기고, 학생들 역시 학교보다 학원에서의 성과에 더 큰 의미를 둔다.

이러한 분위기 속에서 공교육은 점점 설 자리를 잃어가고 있다. 공교육의 영향력이 약해질수록 학교 수업의 질은 떨어지고, 수업이 부실해질수록 학습의 공백을 사교육으로 채우려는 가정은 더 늘어난다. 이처럼 공교육의 한계가 사교육 과잉으로 이어지고, 사교육의 확산이 다시 공교육을 위축시키는 악순환의 고리가 만들어지고 있다.

그 결과, 공교육이 지켜야 할 핵심 가치인 '형평성'마저 뿌리째 흔들리고 있다. 부모의 경제력에 따라 아이가 경험하는 교육의 수준이 달라지기 때문이다. 여유 있는 가정의 아이는 다양한 사교육을 통해 부족한 부분을 보완하며 앞서 나갈 수 있지만, 그렇지 못한 가정의 아이는 기초 학습 조차 따라가지 못해 뒤처질 수밖에 없다.

계층 이동 사다리를 밀어버린 사교육

〈2024년 초중고 사교육비 조사 결과〉에 따르면, 월소득 800만 원 이상 가구의 학생은 사교육비로 월평균 67만 6,000원을 지출한 반면, 300만 원 미만 가구의 학생은 20만 5,000원을 지출해 소득 수준에 따라 세 배가 넘는 격차를 보였다.[7]

지역별 차이도 뚜렷했다. 서울은 월평균 67만 3,000원, 광역시는 46만 1,000원, 읍면 지역은 33만 2,000원으로 거주 지역에 따라 지출 금액에 상당한 차이가 있었다. 또한 부모의 학력이 높을수록 사교육비 지출이 더 많은 것으로 나타났다.

이는 사교육 접근성마저 가구의 소득 수준과 거주 지역에 따라 달라지는 현실을 단적으로 보여주는 결과다.

가구 월평균 소득별 학생 1인당 사교육비

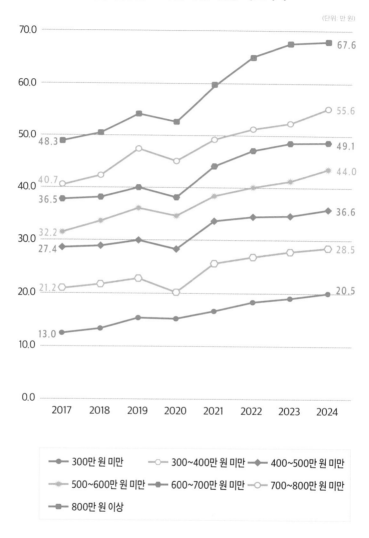

(단위: 만 원)

- 300만 원 미만
- 300~400만 원 미만
- 400~500만 원 미만
- 500~600만 원 미만
- 600~700만 원 미만
- 700~800만 원 미만
- 800만 원 이상

그래프를 보면 소득이 높은 가구일수록 사교육비 지출이 빠르게 증가하는 것을 알 수 있다. 이는 부모의 경제력에 따라 자녀가 받을 수 있는 교육의 기회와 질이 달라질 수 있음을 보여준다. 질 높은 교육을 받은 학생과 그렇지 못한 학생은 출발선부터 차이가 날 수밖에 없다. 이렇게 벌어진 격차는 단순히 점수 차이에 그치지 않는다. 교육 기회의 불균형으로 이어지고, 결국에는 계층 이동의 사다리를 무너뜨리는 요인이 된다.

개천에서 용이 나던 시대는 지났고, 개천은 말랐다. 열심히 노력하면 누구나 계층 이동이 가능했던 사다리도 무너졌다. 모든 학생에게 평등한 교육의 기회를 제공하고, 배경과 상관없이 계층 이동의 사다리 역할을 했던 공교육은 사교육과의 경쟁에서 점점 밀리고 있다. 공교육이 제 역할을 다하지 못하는 사이, 교육은 더 이상 기회의 장이 아닌 출발선부터 갈라진 경쟁의 무대가 되어버렸다.

교육부는 해마다 사교육비를 줄이기 위한 여러 대책을 내놓고 있다. 이와 함께 공교육에 대한 투자도 꾸준히 확대하고 있다.

〈OECD 교육지표 2024〉에 따르면, 2021년 기준 대한민국 초등학생 1인당 공교육비 지출은 14,873달러로, 2020년 대비 12%(1,595달러) 증가한 것으로 나타났다. 이는 OECD 평균인 11,902달러를 훨씬 웃도는 수준이다. 우리나라는 2014년에 처음으로 OECD 평균을 넘어선 이후 단 한 번도 그 아래로 내려간 적이 없다.[8]

그런데도 공교육의 영향력은 점점 약해지고, 사교육에 대한 의존도는 갈수록 커지는 기이한 현상이 벌어지고 있다. 공교육에 투입된 자원이 학생과 학부모가 체감할 수 있는 변화로 이어지지 않고 있는 것이다. 이는 단순히 예산을 늘린다고 해서 공교육의 질이 저절로 좋아지는 것은 아니라는 사실을 보여준다.

초등학생 1인당 공교육비와 사교육비 추이

연도	2007	2010	2013	2016	2019	2021
공교육비 (달러)	5,437	7,453	9,341	11,029	13.341	14.873
사교육비 (천 원)	2,726	2,943	2,779	2,892	3,480	3,940

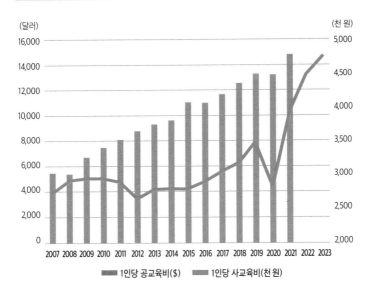

공교육을 되살리고 사교육을 줄이기 위해서는, 지금의 교육 시스템을 근본부터 다시 점검할 필요가 있다. 무엇보다 중요한 것은 공교육에 대한 신뢰를 회복하는 일이다. 학

생과 학부모가 학교 교육만으로도 충분하다고 느낄 수 있도록 수업이나 평가 방식, 학교 환경 등 공교육 전반의 질을 높이는 혁신이 필요하다.

먼저, 교사가 수업을 기획하고 실행하는 과정에서 자율성을 충분히 보장받아야 한다. 현재처럼 획일적인 교육과정과 수업 운영에 얽매이는 구조 속에서는, 아무리 예산이 늘어도 학습자 맞춤형 수업이나 창의적인 수업을 실현하기 어렵다.

학생에게도 다양한 선택지가 주어져야 한다. 지금의 교과 운영이나 진로 교육은 모두 정해진 틀 안에서 이루어지고 있어, 스스로 배우고 탐색하는 경험을 갖기 어렵다. 교육 내용과 방법을 보다 탄력적으로 설계하고, 학생 개개인의 흥미와 속도를 고려한 학습 환경을 마련해야 한다.

이러한 변화가 가능하려면, 제도 자체의 유연성이 뒷받침되어야 한다. 우리나라 교육 제도는 그동안 '효율성'과 '표준화'에 초점을 맞춰 설계되어 왔다. 그러나 지금은 창의성과 다양성이 더 중요해진 시대다. 달라진 교육 현실에 맞는 제도적 개혁이 필요하다.

우리는 '사교육 없는 세상'을 꿈꾼다. 이는 문자 그대로 사교육을 없애야 한다는 뜻이 아니라, 사교육에 기대지 않아도 되는 교육 환경을 만들어가야 한다는 의미다. 그러려면 공교육이 학생과 학부모 모두에게 믿을 수 있고, 매력적인 선택지가 되어야 한다. 학교에서 아이가 충분히 잘 배우고 있다는 확신이 들 때, 사교육은 자연스럽게 줄어들 수 있다.

더 이상 미룰 수 없는
초등 공교육 혁신

2023년 노벨경제학상을 수상한 하버드대 석좌교수인 클라우디아 골딘Claudia Goldin은 한 인터뷰를 통해 "20세기 후반 대한민국만큼 빠른 경제 변화를 겪은 나라도 드물다"고 말한 바 있다. 그의 말처럼 한국은 불과 몇 십년 만에 산업화를 시작으로 정보화와 디지털화라는 시대적 변화를 거치며 전례 없는 사회적·경제적 성장을 이루어냈다. 그리고 그 변화를 가장 극적으로 경험한 세대가 바로 베이비붐 세대다.

한국전쟁 이후인 1955년부터 1963년 사이 출생률이 급격히 증가한 시기에 태어난 베이비붐 세대는, 한국의 산업 발전과 경제성장을 이끈 주역들이다. 하지만 지나치게 빠른 사회 변화를 온몸으로 겪으며 부작용도 생겨났다. 기술과 환경의 변화 속도를 사회의식이나 가치관 등이 따라잡지 못하면서 문화지체文化遲滯, cultural lag* 현상을 겪고 있는 것이다. 이로 인해 자녀 세대인 MZ세대와의 갈등이 자주 발생하고 있다. 특히 교육, 직장 문화, 삶의 우선순위 등 다양한 영역에서 세대 간의 인식 차이가 뚜렷하게 드러난다.

1981년부터 2005년 사이에 출생한 MZ세대는 베이비붐 세대와는 완전히 다른 환경에서 성장했다. 태어나면서부터 디지털 기기와 인터넷 환경에 익숙한 세대로, 획일적인 규범보다는 자신만의 취향과 신념을 중시한다. 또 조직의 위계보다는 수평적 소통에 익숙하고, 공정성과 다양성

---

* 미국의 사회학자 윌리엄 오그번(William F. Ogburn)이 1922년에 제안한 개념으로, 기술이나 과학의 빠른 발달 속도를 사회제도나 가치, 관념 등이 따라가지 못하며 발생하는 불균형을 말한다.

을 중요한 가치로 여긴다.

오늘날 소비, 문화, 정치 등 사회 전반에 가장 큰 영향을 미치는 세대는 단연 MZ세대다. 하지만 이들이 살아가는 세상은 여전히 베이비붐 세대가 구축한 틀 안에 머물러 있다. 세대 간 경험과 가치관의 차이가 점점 커지는 가운데, 낡은 시스템과 새로운 삶의 방식 사이의 간극은 사회 곳곳에서 혼선과 갈등을 낳고 있다. 우리 사회가 직면한 복잡한 문제를 해결하려면, MZ세대가 살아가는 현실에 맞게 기존 시스템을 변화시켜 나갈 필요가 있다.

특히 MZ세대가 부모가 된 지금, 변화한 삶의 방식과 양육 환경에 맞는 공교육 개혁이 시급하다. 과거와 달리 맞벌이가 일상화된 현실에서, MZ세대는 자녀를 안심하고 맡길 수 있는 교육 환경을 절실히 원하고 있다. 이러한 요구에 부응하려면 학교가 오후까지 아이를 책임지는 전일제 운영 체제로 전환되어야 한다. 이는 단순히 돌봄 기능의 확장을 넘어, 아동의 발달과 배움을 통합적으로 지원하는 방향으로 공교육의 역할을 강화하는 일이다.

또한 자녀 교육에 대한 MZ세대의 기대와 가치관을 반

영하려면, 획일적인 틀에서 벗어나 학생의 다양성을 수용할 수 있는 유연하고 개별화된 교육 체계가 필요하다. 아이마다 다른 성향과 발달 과정을 고려해, 각자의 방식으로 배움이 이루어질 수 있도록 돕는 것이야말로 MZ세대가 바라는 진짜 변화다.

MZ세대는 현재를 책임지는 세대다. 그들이 자녀 교육에서 느끼는 한계와 불편함을 해소하지 못한다면, 공교육에 대한 신뢰는 회복하기 어렵다. 그리고 이러한 변화는 공교육의 근간이자 기초교육의 출발점인 초등학교에서부터 시작되어야 한다.

그동안 우리나라 교육정책은 대입제도 위주로 이루어져 왔다. 교육을 계층 이동의 사다리로 여겨왔기 때문인지는 몰라도, '교육 문제 해결＝대입제도 개선'으로 바라본 측면이 강하다. 실제로 교육부가 중점적으로 발표해 온 정책도 대학입시와 사교육 문제에 집중되어 있었다. 그 결과, 초등교육은 시급하고 중요한 교육 현안임에도 불구하고 주목받지 못한 채 늘 우선순위에서 밀려나 있다.

2000년 이후 교육자치를 강화하면서 초등교육이 시도

교육감 관할로 넘어갔고, 중앙정부의 역할은 축소되었다. 교육의 자율성과 다양성을 확대하겠다는 취지였지만, 결과적으로 초등 공교육에 대한 국가 차원의 개혁 논의는 점점 자취를 감추게 되었다.

초등학교는 아이들이 처음으로 사회를 경험하고, 스스로 배우는 방법을 익히며, 배움에 대한 태도를 형성하는 중요한 시기다. 이 시기에 적절한 교육 기회를 제공받지 못한다면, 아이들의 평생 학습 역량은 충분히 길러지기 어렵다.

하지만 지금의 초등학교는 여전히 획일적인 교육 시스템 안에 갇혀 있다. 모든 학생이 같은 교과서로 똑같은 내용을 같은 속도로 배우고, 정해진 시간표에 따라 수업이 진행되는 방식은 아이들의 다양한 성장 속도나 흥미를 충분히 반영하지 못한다. 그 결과, 공교육이 채워주지 못하는 부분을 사교육이 대신하면서 학교의 역할과 영향력은 약화되고 있다.

그동안 공교육을 강화하겠다며 수많은 대책이 제시되었지만, 구조적인 한계를 외면한 채 단기 처방에만 그치면서 실질적인 변화로 이어지지 못했다. 이제 구조 자체를 바꾸는 개혁이 필요하다. 그 변화를 또다시 뒤로 미룬다면, 그 피해는 학생과 학부모, 나아가 우리 사회가 고스란히 떠안게 될 것이다. 초등 공교육의 질적 혁신은 더 이상 선택의 문제가 아니다. 지금 당장 시작해야 할 과제다.

2장

초저출생 시대, 초등 공교육 혁신의 기회

1954년 우리나라는 초등학교 의무교육을 도입해 모든 국민이 최소한의 교육을 받을 수 있는 시대를 열었다. 그로부터 70년이 지난 지금, 우리의 교육 환경은 과거와 비교할 수 없을 만큼 달라졌다. 의무교육 도입 당시에는 수업을 진행할 교실과 교사가 부족해, 이를 확보하는 것이 가장 시급한 과제였다. 그러나 지금은 교사 과잉과 학교 소멸이라는 전혀 다른 상황에 직면해 있다.

이러한 변화는 '출생률 붕괴'라는 위기에서 시작되었다. 1960년대 초반 우리나라의 합계출산율은 6명에 달했지만, 2023년에는 0.72명까지 떨어졌다. 그 영향으로 1971년에 581만 명에 이르렀던 초등학생 수는 2030년에는 164만 명 수준으로 줄어들 것으로 전망된다. 이러한 급격한 인구 변화는 우리나라 초등 공교육의 구조를 송두리째 흔들고 있으며, 교실 풍경마저 완전히 바꿔놓고 있다.

그런데도 우리나라 초등 공교육은 여전히 제자리걸음을 하고 있다. 인구가 급격히 늘던 시기에 설계된 교육 시스템이 큰 변화 없이 지금까지 유지되고 있기 때문이다. 학교 운영부터 교사 배치, 수업 방식에 이르기까지 모두 과거의 틀에 머물러 있으면서 빠른 사회 변화나 학생 수 감소 같은 현실을 제대로 반영하지 못하고 있다.

저출생으로 인한 학령인구 감소는 교육 전반에 심각한 위기를 불러올 수 있는 중대한 문제다. 이 상황에 어떻게 대응하느냐에 따라 초등 공교육을 혁신하는 기회로 만들 수도 있고, 반대로 낡은 제도에 발목이 잡혀 더 깊은 수렁으로 빠질 수도 있다.

저출생이 불러온
교육 비상사태

　우리나라 합계출산율*이 가장 높았던 시기는 1960년
대 초반으로, 그 무렵 여성 1인당 평균 출생아 수는 무려
6명에 달했다. 하지만 당시는 한국전쟁으로 산업 시설이
파괴되고, 농업 생산량마저 크게 줄어들어 극심한 빈곤이

---

*　합계출산율(TFR; Total Fertility Rate)은 여성 한 명이 가임기간
　(15~49세)에 낳을 것으로 기대되는 평균 출생아 수를 의미한다. 국제적
　으로 출산력 수준을 비교할 때 사용하는 대표 지표다.

이어지던 때였다. 이러한 상황에서 급격한 인구 증가는 가뜩이나 팍팍한 나라살림에 큰 부담이 되었다. 생산성을 뛰어넘는 인구 규모는 경제성장의 걸림돌이 되었고, 국민의 생존까지 위협했다. 실제로 개발도상국 사이에서는 '과잉 인구가 빈곤의 악순환을 불러온다'는 인식이 널리 퍼져 있었다.

우리나라는 인구 증가를 막기 위해 1960년대 초 '경제 개발 5개년 계획'을 수립하며 '가족계획사업'을 추진했다. 지금은 상상조차 할 수 없지만, 아이가 너무 많이 태어나 출생아를 조절해야 한다는, 이른바 산아제한 정책을 펼쳤다. 당시 가족계획사업의 표어를 보면 인구 억제에 대한 국가의 강력한 의지를 읽을 수 있다. 1960년대 '덮어놓고 낳다 보면 거지꼴을 못 면한다'에서 1970년대 '딸·아들 구별 말고 둘만 낳아 잘 기르자'로 두 자녀 낳기를 권장했다. 이후 1980년대로 넘어오면서 '잘 키운 딸 하나 열 아들 안 부럽다'는 구호 아래 한 자녀 갖기 운동을 벌였다.

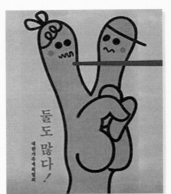

1970~80년대 산아제한을 홍보하던 포스터와 표어들만 봐도,
당시 정부가 인구 억제 정책을 얼마나 강력하게 실시했는지 알 수 있다.

산아제한 정책을 적극 시행한 덕분에 1983년 합계출산율은 인구 수를 현상 유지할 수 있는 수준인 2.1명에 도달했다. 그런데도 가족계획사업의 표어는 1983년 이후 '하나씩만 낳아도 삼천리는 초만원'으로 더 강력해졌다. 자녀 한 명도 많다는 식으로 산아제한 정책을 공격적으로 펼쳐 나갔다.[9]

그 결과, 합계출산율은 빠르게 하락해 1980년대 후반에는 세계 하위 10~20권에 머무는 수준이 되었다. 그러나 산아제한 정책은 관성에 의해 계속 굴러갔고, 1996년이 되어서야 공식적으로 폐지되었다. 출생률은 이미 바닥을 찍었지만, 이를 심각한 문제로 인지하지 못하면서 국가 차원의 대응은 한참 뒤에나 시작되었다.

그 뒤로도 합계출산율은 꾸준히 하락하여 2000년대 들어 1.3명 이하로 떨어졌고, 급기야 2023년에는 0.72명으로 역대 최저치를 기록했다. 스스로 세운 최저 기록을 다시 갈아치우며 국가 소멸을 걱정하는 지경에 이르렀다. 2024년 들어 0.75명으로 소폭 상승했지만, 여전히 세계에서 가장 낮은 수준이다.

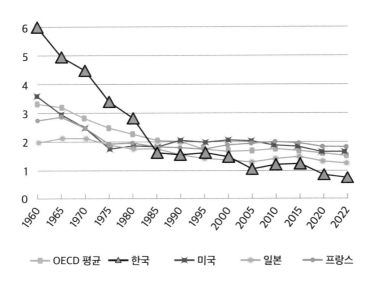

OECD 주요국 합계출산율 추이

	1960	1965	1970	1975	1980	1985	1990	1995	2000	2005	2010	2015	2020	2022
OECD 평균	3.34	3.20	2.84	2.50	2.25	2.03	1.98	1.77	1.70	1.67	1.75	1.68	1.56	1.51
한국	6.00	5.00	4.53	3.43	2.82	1.66	1.57	1.63	1.48	1.09	1.23	1.24	0.84	0.78
미국	3.65	2.91	2.48	1.77	1.84	1.84	2.08	1.98	2.06	2.06	1.93	1.84	1.64	1.67
일본	2.00	2.14	2.13	1.91	1.75	1.76	1.54	1.42	1.36	1.26	1.39	1.45	1.33	1.26
프랑스	2.74	2.85	2.48	1.93	1.95	1.81	1.78	1.73	1.89	1.94	2.03	1.96	1.82	1.79

대부분의 OECD 국가들도 출생률이 낮아지고 있지만, 합계출산율은 대체로 1.3~1.8명 수준을 유지하고 있다. 인

구 감소 속도도 사회가 적응할 수 있을 만큼 완만한 편이다. 하지만 우리나라는 상황이 다르다. 불과 60년 만에 합계출산율이 6명에서 0.7명대로 떨어졌고, 그 변화 속도는 전 세계에서 유례를 찾아보기 어려울 정도로 가파르다.[10]

이러한 인구 변화는 실제 출생아 수와 학령인구 추이에서도 뚜렷하게 나타나고 있다. 1960년 약 108만 명에 달했던 연간 출생아 수는 2023년 23만 명 수준까지 떨어졌다. 2030학년도 취학률을 100%로 적용해도, 실제 입학생 수는 23만 명대를 넘기기 어렵다. 문제는 초등학생 수 감소 속도는 앞으로 더 빨라질 전망이라는 점이다.

2030년 이전까지는 매년 60만 명대에 달했던 세대가 부모가 되었지만, 2030년부터는 40만 명대로 줄어든 세대가 부모가 된다. 더구나 2040년 이후에는 20만 명대가 부모가 되는 세대에 접어들기 때문에 학생 수 감소 현상은 더욱 심각해질 것으로 보인다. 희망 회로를 마구 돌려서 출생률이 드라마틱하게 반등하더라도 모수가 절대적으로 줄어든 이상 출생아 수는 결국 20만 명에서 10만 명 선으로 떨어질 수밖에 없다.

이러한 출생률 하락은 교육 체계 전반에 심각한 균열을 일으키고 있다. 학령인구가 감소하면서, 불과 2년 전만 해도 40만 명을 넘었던 초등학교 신입생 수는 2024학년도에 처음으로 30만 명대로 떨어졌다. 이로 인해 정상적인 학교 운영이 어려운 곳들이 늘어나고 있으며, 농어촌은 물론 일부 수도권 학교들까지 통폐합 위기에 처해 있다. 실제로 2025학년도 기준 입학생이 단 한 명도 없는 초등학교는 전국 187곳에 달하며, 올해 안에 문을 닫을 예정인 초등학교도 38곳에 이르는 것으로 나타났다.

　지금 우리나라의 교육 현장은, 그야말로 비상사태다.

줄어드는 학생 수,
흔들리는 교육정책

학령인구는 교육의 방향을 결정짓는 중요한 기준 가운데 하나다. 학교를 얼마나 세울지, 교사를 어떻게 배치할지, 교육 예산을 어디에 집중할지까지 모두 학생 수에 따라 달라진다. 실제로 학령인구 변화에 따라 추진된 교육정책들을 살펴보면, 당시 어떤 과제를 우선시했으며, 그 목표를 어떤 방식으로 실현하려 했는지도 분명히 드러난다.

이처럼 학생 수 변화에 따른 교육적 대응을 되짚어보는

일은, 지금 우리 교육이 처한 현실을 객관적으로 진단하는 데 도움이 된다. 더불어 앞으로 교육이 나아갈 방향을 구체적으로 설계하는 데도 중요한 단서를 제공한다.

이에 따라 정부가 〈교육통계연보〉를 발표하기 시작한 1962년부터 2030년까지 초등학생 수 변화의 흐름을 1기부터 7기까지 총 7단계로 구분해 보았다. 각 시기별로 어떤 인구정책과 교육정책이 추진되었는지 살펴봄으로써 우리 교육이 어떤 과정을 거쳐 현재에 이르렀는지 이해하고, 다가올 미래에 대비해 어떤 구조적 전환이 필요한지 함께 모색해보고자 한다.

여기서 주목할 것은, 지난 70여 년간 우리나라 초등학생 수가 두 차례의 대규모 전환기를 거쳐왔으며, 현재 세 번째 전환기가 진행 중이라는 점이다. 1962년부터 1971년, 2003년부터 2013년, 그리고 2022년부터 2030년까지가 이에 해당하며, 여기서 말하는 '대전환기'란 초등학생 수가 한 세대 안에서 100만 명 이상 급증하거나 급감하는 시기를 뜻한다.[11]

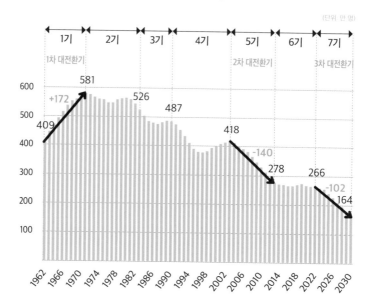

초등학생 수 변화 ◆

(단위: 만 명)

1기 | 2기 | 3기 | 4기 | 5기 | 6기 | 7기

1차 대전환기   2차 대전환기   3차 대전환기

409 +172 581 526 487 418 -140 278 266 -102 164

1962 1966 1970 1974 1978 1982 1986 1990 1994 1998 2002 2006 2010 2014 2018 2022 2026 2030

◆ 2025~2030년 초등학생 수는 2018~2023년 출생아 수 합계로 추정

1기는 1962년부터 1971년까지로, 초등학생 수가 폭발적으로 증가한 1차 대전환기다. 당시 정부는 교실과 학교를 확충하고, 교사 양성 규모도 대폭 늘리는 등 교육 인프라를 구축하는 데 힘썼다. 하지만 넘쳐나는 학생 수를 감당하기에는 역부족이었다. 과밀학급 문제는 해소되지 못

했고, 이 시기 내내 교육의 질보다는 양적 확대가 우선되었다.

2기부터 4기는 1972년부터 2002년까지로, 출생아와 초등학생 수가 점차 감소하던 시기다. 1980년 중후반까지 높은 수준을 유지하다가 1990년대 들어 본격적인 하락세로 돌아섰다. 그러나 초등학생 수는 여전히 400만 명 안팎을 유지해, 당시에는 저출생을 사회적 위기로 받아들이지는 않았다. 이 시기 교육정책은 양적 성장 중심에서 벗어나 교육의 질과 내용을 개선하려는 움직임이 있었다. 그러나 과밀학급은 여전히 해결해야 할 과제로 남아 있었고, 수업 방식도 암기식·주입식에서 크게 벗어나지 못했다. 1995년 '5·31 교육개혁'을 통해 학교의 자율성과 교육의 다양화를 추진했지만, 학교 간 서열화를 부추기면서 오히려 대학 입시 경쟁이 치열해지고 사교육이 심화되는 부작용이 나타났다.

5기는 2003년부터 2013년까지로, 합계출산율이 1.3명 이하로 떨어지며 초등학생 수가 100만 명 이상 줄어든 2차 대전환기다. 인구 억제 정책의 잔재와 1997년 외환위기의 여파로 출생률이 급격히 하락하며, 저출생이 사회문제로 떠올랐다. 이에 정부는 저출생 대책과 교육복지 확대를 주요 과제로 내세웠다. 2004년에는 초등학교 1~2학년을 대상으로 돌봄교실이 도입되었고, 이듬해에는 방과후학교가 대폭 확대되었다. 그러나 교육 현장에서는 돌봄과 방과후 운영의 책임이 대부분 담임교사에게 전가되면서, 교사의 업무 부담이 커져 오히려 수업의 질이 떨어졌다는 지적이 나왔다. 이 시기에는 교사 수 조정, 학급 규모 축소, 다문화·특수교육 확대 등 수요자 중심 교육이 추진되었지만, 실질적인 지원은 부족해 정책 효과는 제한적이었다. 2005년부터 미래형 교육과정의 일환으로 초등학교 전일제 수업이 논의되기 시작해, 2009년 공식적으로 제안되었으나, 정권이 교체되면서 제도화되지는 못했다.

6기는 2014년부터 2021년까지로, 초등학생 수가 270만 명대에서 260만 명대로 줄어든 시기다. 학령인구 감소가 본격화되면서 정부는 소규모 학교 지원, 돌봄교실 확충, 미래형 교실 조성 등 다양한 교육정책을 추진했다. 그러나 돌봄 업무 과중과 인력 부족 문제는 여전히 해결되지 않았고, 미래형 교실도 기기 보급에만 그쳤을 뿐 수업 방식에는 큰 변화가 없었다. 학교의 자율운영 또한 각종 지침과 규제에 가로막혀 실질적인 변화를 이끌어내기는 어려웠다.

7기는 2022년부터 2030년까지로, 합계출산율이 2016년 1.17명에서 2023년 0.72명까지 떨어지며 초저출생 시대에 본격적으로 들어선 3차 대전환기다. 초등학생 수는 266만 명에서 지속적으로 감소하여 2030년에는 164만 명까지 줄어들어 처음으로 100만 명대에 진입할 전망이다. 문제는 2030년 이후 초등학생 수가 얼마나 더 줄어들지 그 바닥을 알 수 없다는 점이다. 이에 정부는 줄어드는 학생 수에 맞춰 신규 교사 채용을 단계적으로 줄여가고 있으며, 학생 수가 극히 적은 학교는 통폐합하거나 공동학구제*로 재편하는 방안을 추진하고 있다.

---

* 여러 학교를 하나의 학구로 묶어 학생과 학부모가 원하는 학교를 선택할 수 있도록 한 제도다. 학생 수 감소에 유연하게 대응할 수 있고, 학교 간 경쟁을 통해 교육의 질을 높일 수 있다는 장점이 있다. 하지만 인기 학교로 학생들이 쏠리면서 오히려 지역·학교 간 교육격차가 더 심화될 수 있다는 우려도 제기된다.

2013~2027년 공립 초등교원 신규 채용 규모

(단위: 명)

연도	'13	'15	'17	'19	'21	'23	'24	'25	'26	'27
인원	7,365	7,062	6,022	4,032	3,864	3,561	3,200~ 2,900명 내외		2,900~ 2,600명 내외	

　　실제로 교육부는 2027년까지 최대 1,000명의 초등교사를 감원하겠다는 계획을 밝혔다.[12] 그러나 교원 감축은 단순히 수요와 공급의 논리로 풀어나갈 문제가 아니다. 공교육의 질 저하로 이어질 수 있기 때문에 신중한 접근이 필요하다. 학생 수 감소에만 초점을 맞출 것이 아니라, 학생들에게 더 나은 학습 환경을 제공하는 방향으로 교원 정책을 재설계해야 한다. 하지만 현재는 종합적인 검토 없이 당장의 학생 수 감소에 대응하느라 교사 수를 줄이는 데만 몰두하고 있는 실정이다.

　　이처럼 학생 수 변화에 따라 단편적으로 대응하는 모습은 과거에도 반복되어 왔다. 앞서 살펴본 1기부터 7기까지의 교육정책 흐름만 봐도, 학생 수가 증가할 때는 교실과 교원을 늘리고, 감소할 때는 교원 감축이나 학교 통폐합으로 대응하는 패턴이 되풀이되고 있다.

그러나 학령인구 감소는 단순히 학생 수가 줄어드는 데서 끝나지 않는다. 이는 학교 운영, 교원 수급, 교육재정 등 교육 시스템 전반을 위협하는 심각한 문제로 이어질 수 있다. 기존의 틀 안에서 단순 조정만으로는 감당할 수 없는 변화인 만큼, 이제는 장기적인 관점에서 공교육의 역할을 재정립하고, 구조를 다시 설계할 필요가 있다.

저출생 대책에 파묻힌
초등 공교육

    유엔인구기금UNFPA은 〈2023 세계인구보고서〉에서 국가가 목표 출생률을 정해놓고, 이를 달성하기 위해 출산을 독려하는 방식은 바람직하지 않다고 지적했다. 출산은 개인의 선택이기 때문에 '아이를 낳고 싶은 사회'를 만드는 것이 우선이라는 것이다. 유엔인구기금은 "1994년 국제인구개발회의 개최 이후 목표 출생률을 설정하고, 정부 주도로 이를 달성하려는 방식은 점점 사라졌지만, 몇몇 국가는

20년간 이런 정책을 유지했다"며 일본과 한국을 언급했다.

이러한 유엔인구기금의 권고에도 우리나라는 2024년 6월 19일 '인구 국가비상사태'를 공식 선언했다. 초저출생 문제를 해결하기 위해 국가가 총력전을 벌이겠다는 강한 의지를 밝힌 것이다. 교육부도 이에 적극적으로 호응하며, 출생률을 높이기 위해 돌봄의 국가책임을 강화하겠다고 발표했다.

그 중심에 있는 정책이 '늘봄학교'다. 교육부는 2024년 2학기부터 전국 초등학교에 늘봄학교를 전면 도입해, 정규 수업 앞뒤로 아침돌봄(오전 7~9시)과 저녁돌봄(오후 8시까지)을 제공하겠다고 밝혔다. 돌봄교실의 대기수요 문제*를 해소하고, 희망하는 누구나 교육과 돌봄 서비스를 이용할 수 있도록 하겠다는 계획이다.

그러나 우리는 이미 '누구나 12시간 무상보육'을 통해

---

* 돌봄교실 이용을 희망하는 학생 수에 비해 정원이 부족해 많은 아동이 대기 상태에 놓이는 상황을 말한다. 특히 맞벌이 가정이 늘어나면서 돌봄 수요가 급증했지만, 운영 공간·인력·예산 문제로 인해 돌봄이 꼭 필요한 아이들이 서비스를 받지 못하는 상황이 반복되고 있다.

돌봄의 양적 확대가 출생률을 높이는 데 유의미한 효과가 없다는 것을 경험한 바 있다. 2012년부터 실시된 무상보육 제도로, 그해 만 0~2세 아동의 어린이집 등록률은 28.9%(16만 6,063명) 증가했다. 정부가 기관에 보육료를 대신 지불하는 방식이었기 때문에 부모들 사이에서는 어린이집을 이용하지 않으면 손해라는 인식이 퍼졌고, 거기다 최대 12시간 돌봄 서비스를 제공하면서 과도한 수요가 발생했다. 그 결과, 2011년 3만 9,842개였던 어린이집은 2014년에 4만 3,742개까지 증가했고, 보육 예산도 2011년 5조 1,000억 원에서 2012년 10조 4,000억 원으로 두 배 이상 늘었다.

문제는 무상보육 제도의 방향이었다. 애초에 정부는 국공립 어립이집을 30% 이상 늘려 국가와 민간이 경쟁하면서 보육 서비스의 질을 높이겠다는 계획을 세웠다. 하지만 무상보육 도입 이후 설립이 쉬운 민간·가정 어린이집이 우후죽순 생겨나면서, 제도의 방향이 흐트러졌다. 그로 인해 2023년 기준 국공립 어린이집 비율은 21%에 머물렀고, 이는 OECD 평균인 66%에 크게 못 미치는 수준이다.

결과적으로 '누구나 12시간 무상보육'은 보육 서비스의 양적 확대에는 기여했지만, 질적인 변화를 방해하여 보육의 공공성을 약화시키는 부작용을 초래했다. 그리고 지금 추진 중인 '누구나 9시간 늘봄학교' 역시 비슷한 우려를 낳고 있다. 초등교육 정책임에도 돌봄의 양적 확대에만 치중한 나머지 정작 '교육'은 빠지고 '돌봄'만 남은 상황이다.

그런 의미에서 초등 공교육을 강화해 저출생 문제에 대응한 스웨덴의 사례는 우리에게 중요한 시사점을 던진다. 스웨덴은 1930년대부터 저출생 문제를 국가적 과제로 인식하고, 보육과 교육의 사회적 책임을 강화하는 방향으로 접근했다. 스웨덴은 저명한 사회학자 군나르·알바 뮈르달 Gunnar & Alva Myrdal 부부[*]가 제안한 내용을 바탕으로 저출생 정책의 방향을 다음과 같이 정했다.

---

[*] 군나르·알바 뮈르달 부부(군나르는 노벨경제학상, 알바는 노벨평화상 수상)는 1934에 공저한 《인구 위기(Kris i befolkningsfrågan)》에서 저출생의 원인이 사회경제적 구조 변화에 있으므로, 여성이 노동시장에 참여할 수 있도록 부부 공동육아 환경을 조성하고, 보육과 교육에 대한 국가 지원을 강화해야 한다고 주장했다.

① 개인이 자유롭게 출산을 선택할 수 있도록 양육에 적합한 환경을 조성한다.

② 경제활동과 가정생활을 조화롭게 보장한다.

③ 현금 지원보다 서비스 제공이 중요하고, 자녀에 대한 교육 투자도 필수적이다.

이를 우리나라 상황에 적용하면 다음과 같다.

① 국가는 보육과 교육의 서비스 질을 높여 자녀를 안심하고 맡길 수 있는 인프라를 확충한다.

② 기업은 육아휴직과 유연근무제를 확대하여 직장생활과 가정생활이 양립할 수 있도록 지원한다.

③ 공교육을 강화해 사교육 부담을 완화한다.

스웨덴은 저출생 문제를 해결하는 과정에서 보육 확대에 그치지 않고, 교육에 대한 투자를 강화하는 방향으로 정책의 패러다임을 전환했다. 이는 저출생 대책이 단순히 돌봄 서비스를 늘리는 것에 그쳐서는 안 되며, 교육의 본질적 기능을 강화하는 것이 필수적임을 보여준다.

특히 초등교육은 저출생과 밀접하게 연결되어 있다. 부모들은 자녀가 어떤 환경에서 교육받는지를 중요하게 여기기 때문에, 공교육에 대한 신뢰가 출산을 결정하는 데 직접적인 영향을 끼친다. 즉, 공교육의 질이 높아질 때 출생률도 자연스럽게 오르는 선순환이 가능해진다.

물론 저출생 문제는 국가적으로 시급한 과제다. 그러나 교육정책이 출생률 증가라는 목표에만 초점을 맞추다 보면, 본질적인 개혁 대신 단기적이며 표면적인 대책만 반복될 위험이 크다. 교육 혁신은 최소 수십 년을 내다보고 추진해야 할 장기 과제다.

그래서 더욱이 교육은 본연의 역할에 충실해야 한다. 학생 한 명, 한 명의 성장을 지원하고, 배움의 밀도와 경험의 질을 높이는 데 정책의 중심이 놓여야 한다. 돌봄의 양적 확대와 교육의 질적 향상이 조화를 이룰 때, 비로소 저출생 문제와 공교육 혁신이라는 두 가지 과제를 함께 해결할 수 있다.

교육지표가 개선된
지금이 기회

　　OECD에 가입한 직후 우리나라는 100여 명의 연구자와 공무원을 파견하여 다른 회원국들의 정책과 제도를 연구하도록 했다. 특히 교육 분야에서 선진국을 벤치마킹하며 학급당 학생 수나 교사 1인당 학생 수 같은 교육지표를 개선하는 데 힘을 쏟았다. 그 결과, 우리나라는 OECD 회원국들을 따라잡는 수준을 넘어, 이제는 어깨를 나란히 할 만큼 성장했다.

실제로 가장 시급한 과제로 지목되었던 과밀학급 문제가 큰 폭으로 개선되었다. 1999년 정부는 '교육발전 5개년 계획'에 따라 초등학교 학급당 학생 수를 2003년까지 35명으로 줄이겠다는 목표를 수립했고, 2002년에 34.9명을 기록해 목표를 1년 앞당겨 달성했다. 이후 학급당 학생 수는 계속 감소해, 2008년에는 29.2명을 기록하며 처음으로 30명 이하로 떨어졌다.[13]

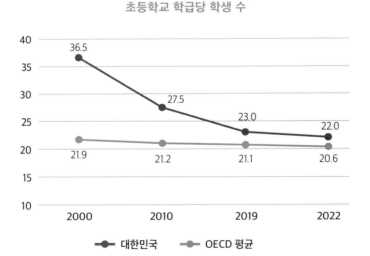

초등학교 학급당 학생 수

초등교사 1인당 학생 수 역시 꾸준히 줄었다. 2000년대 초반까지만 해도 한 명의 초등교사가 30명 안팎의 학생을 담당했지만, 이후 학생 수 감소와 교사 증원이 맞물리며 상황은 점차 개선되었다. 2010년에는 21.1명, 2015년에는 16.8명, 2022년에는 15.8명까지 줄어들어 OECD 평균과의 격차를 크게 좁혔다.[14] 학급당 학생 수와 교사 1인당 학생 수 모두 빠르게 개선되며, 초등학생 1인당 공교육비 역시 2013년부터는 OECD 평균을 넘어섰다.[15]

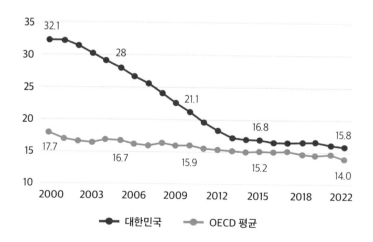

초등교사 1인당 학생 수

초등학생 1인당 OECD 평균 비교 공교육비 ◆

(단위 : 달러)

◆ 단위는 미국 달러의 구매력평가지수(PPP) 환산액
1인당 공교육비 ={(교육기관 직접 지출)/학생 수}/PPP(구매력평가지수)

　　2023년에 발표된 합계출산율을 기준으로 보면, 2026년 쯤에는 대부분의 교육지표가 OECD 평균을 넘어설 것으로 예측된다. 하지만 이런 개선된 지표는 공교육 혁신이 이뤄낸 성과라기보다는 출생률 하락이 만들어낸 웃픈 결과에 가깝다.

학생 수가 줄어들면서 자연스럽게 개선된 교육지표만 보고 공교육이 나아졌다고 믿는 순간, 초등 공교육의 질적 혁신을 위한 논의는 힘을 잃고 만다. 달라진 것은 겉으로 드러난 수치일 뿐, 교실 안 변화는 여전히 더디기만 하다. 특히 최근 들어 초등학생을 대상으로 한 돌봄 정책이 공교육의 핵심 과제인 양 다뤄지면서 오히려 학교의 본래 기능과 정체성은 점점 더 흐려지고 있다.

이러한 흐름은 여러 요인이 맞물린 결과다. 그동안 저출생 대책은 보건복지부 주도로 추진되어 왔고, 교육계도 이에 보조를 맞추며 초등교육을 돌봄 중심으로 재편하려는 움직임을 보여 왔다. 저출생 시대에 걸맞은 주도적이고 일관된 교육정책은 내놓지 못한 채, 돌봄 기능 강화에만 치우친 흐름이 지금까지 이어지고 있다.

학생 수 감소라는 위기를 공교육 질적 혁신의 기회로 삼아야 한다는 목소리도 분명 존재한다. 하지만 교육계 내부에서는 '그런다고 출생률이 오르겠느냐'는 냉소적인 반응도 적지 않다. 저출생을 국가 전체의 문제로만 바라보고, 교육은 그 책임에서 한 발 물러서 있으려는 태도가 좀처럼 바뀌지 않고 있는 것이다.

그러나 저출생은 교육과 무관한 문제가 아니다. 오히려 교육 현장에 가장 직접적이고 구조적인 영향을 미치는 요인 가운데 하나다. 학생 수 감소로 농어촌과 지방 소도시에서는 소규모 학교만 유지되거나 그마저도 폐교되는 사례가 점점 늘고 있다. 신규 교사 채용 규모도 해마다 줄면서, 교육대학 졸업생들의 취업난 역시 갈수록 심화되고 있다.

이러한 상황에서도 교육계 내부에서는 과밀학급이 해소되고 교사 1인당 학생 수가 낮아지는 등 교육지표가 빠르게 개선되고 있다며 안주하고 있다. 그사이 교육계 외부에서는 초등학생 수가 줄고 있으니, 초등교육 예산을 고등교육으로 돌리자는 하책 중의 하책이 거론되고 있다.

저출생의 영향으로 학생 수가 급감하는 문제는 국가 전체의 위기이자, 동시에 교육계가 적극 나서 대응해야 할 사안이다. 교육계가 스스로 변화를 모색하지 않는다면, 외부의 논리에 휩쓸려 초등 공교육의 기반 자체가 흔들릴 위험이 크다.

그동안 열악했던 교육지표는 공교육의 질적 혁신에 대한 사회적 논의를 계속 가로막아 왔다. 교육의 질을 논하기 전에 교실 하나, 교사 한 명이 더 필요한 상황이었기에 당장의 물리적 여건을 개선하는 데 급급할 수밖에 없었다. 하지만 이제 상황은 달라졌다. 여러 교육지표가 과거에 비해 눈에 띄게 좋아졌고, 물리적 기반도 일정 수준 이상 갖춰졌다. 학생 수 감소로 교육지표가 개선된 지금이야말로 초등교육 시스템과 정책을 변화시킬 절호의 기회다.

3장

초등 공교육 혁신, 어떻게 이룰 것인가

초등학교는 지금, 역할의 전환점에 서 있다. 학교는 더 이상 지식만 전달하는 공간에 머물 수 없다. 사회는 학교에 학습뿐 아니라 돌봄과 생활 전반까지 함께 책임질 것을 요구하고 있지만, 정작 교육 현장은 이러한 변화에 충분히 대응하지 못하고 있다.

실제로 학교 수업만으로는 부족하다는 인식 속에 많은 아이들이 방과후 학원으로 향하고, 부모들은 그 공백을 채우기 위해 더 많은 부담을 떠안고 있다. 단순히 수업 시간을 늘리거나 몇 가지 프로그램을 추가하는 방식으로는 이런 현실을 바꾸기 어렵다. 이제는 학교가 아이들의 하루 전체를 어떻게 책임질 수 있을지 고민하고, 그에 맞는 교육 시스템을 새롭게 설계해야 할 때다.

게다가 학생 수가 줄어들면서 학교와 교실의 모습은 시시각각 달라지고 있다. 학령인구 감소는 분명 위기지만, 동시에 오랫동안 고착화된 공교육의 틀을 재구성할 수 있는 더없이 좋은 기회이기도 하다. 지금 필요한 것은 다양한 교육 수요를 학교 안으로 흡수하고, 돌봄과 배움이 끊기지 않고 연결되는 새로운 초등교육 모델을 만들어가는 일이다.

이 변화의 중심에 '전일제'가 있다. 물론 전일제 하나로 모든 교육 문제를 해결할 수는 없다. 하지만 수업과 돌봄, 다양한 활동이 학교 안에서 유기적으로 이어질 수 있다면, 지금보다 훨씬 더 안정적이고 신뢰받는 공교육으로 나아갈 수 있다.

전일제는 완성된 답이 아니라, 공교육의 구조를 바꾸는 첫 단추다. 학교가 아이들의 하루를 의미 있게 채워줄 수 있을 때, 비로소 아이들의 전인적 성장을 이끌 수 있는 진짜 배움의 공간으로 거듭날 수 있다.

전일제,
초등 공교육 혁신의 시작점

    우리나라 초등 공교육은 오랫동안 '오전 수업 중심'의 구조에 머물러 있다. 특히 저학년의 경우 정규 수업이 대부분 오전에 끝나면서, 그 이후의 시간은 아이와 부모가 각자 알아서 책임져야 하는 상황이다. 이 때문에 많은 가정이 방과후 사교육에 기대거나 돌봄 공백으로 인해 어려움을 겪고 있다. 물론 돌봄교실, 방과후학교, 늘봄학교 같은 제도들이 운영되고 있지만, 프로그램이 단편적이고 지역·학교 간 편차가 커 사교육 의존도를 낮추기에는 한계가 있다.

2024년 기준 우리나라 초등학생의 사교육 참여율은 87.7%에 달한다. 이는 공교육이 정규 수업 이후의 시간을 충분히 책임지지 못하고 있음을 단적으로 보여주는 수치다. 그 결과, 가정의 경제력에 따라 교육격차는 더욱 벌어지고 있으며, 맞벌이 가정은 돌봄 공백까지 떠안으며 가계 부담도 함께 커지고 있다.

2022년 한국교육개발원KEDI 여론조사에 따르면, 학부모 응답자의 절반이 '자녀의 사교육비가 매우 부담스럽다'고 답했다. 실제로 많은 학부모가 사교육비에 부담을 느끼면서도 아이의 학습과 안전을 위해 어쩔 수 없이 사교육에 의존하고 있다.

이와 관련해 2018년 저출산고령사회위원회의 의뢰로 여성정책연구원이 실시한 조사(5,000가구 표집)에서는, 92.4%의 학부모가 전일제 수업으로 하교 시간이 늦춰질 경우 사교육을 줄이겠다고 응답했다. 이러한 결과는 학부모들이 오래전부터, 학교가 다양한 교육 수요를 반영한 질

높은 프로그램을 제공해주기를 기대해왔음을 보여준다. 아울러 공교육이 방과후 시간까지 책임질 수 있다면 사교육 의존도를 낮출 수 있다는 사회적 신뢰가 형성되어 있음을 의미한다.

이러한 가능성을 엿볼 수 있는 사례 중 하나가 사립초등학교의 전일제 운영이다. 물론 사립학교는 교육 여건이나 재정 면에서 공립학교와 차이가 있지만, 아이의 하루를 유기적으로 설계하고 운영한다는 점에서 참고할 만한 부분이 있다.

일부 사립초등학교는 정규 교사의 지도 아래 오전과 오후 정규 수업은 물론, 예체능·외국어 등 다양한 방과후 프로그램을 체계적으로 운영한다. 이후에는 자율학습이나 독서활동이 이어지고, 필요에 따라 자연스럽게 연장 돌봄 서비스와 연계되기도 한다.

다음은 한 사립초등학교 1학년 학생의 주간 시간표다.[16] 등교부터 귀가까지 유기적으로 짜인 시간표는 수업과 활동이 자연스럽게 이어지며, 학생들에게 일관된 학습 환경을 만들어준다.

사립초등학교 1학년 주간 시간표

	월	화	수	목	금
1교시 9:00~9:40	국어	1인 1악기	수학	중국어	멘사 수학
2교시 9:50~10:30	수학	고전	통합	통합	체육
3교시 10:40~11:20	독서	수학	체육	통합	국어
점심시간 11:30~12:10	학교급식				
4교시 12:10~12:50	창의력	국어	국어	1인 1악기	수학
5교시 13:00~13:40	동아리	중국어	SW(컴퓨터)	국어	동아리
6교시 13:50~14:30	통합	방과후 교육활동 (영어)			
7교시 14:40~15:20	통합				1차 하교(3시 20분)
8교시 15:30~16:10	돌봄	화요 에듀	수요 에듀	목요 에듀	돌봄
9교시 16:10~16:50					
17:00~21:00	2차 하교(4시 50분)				
	돌봄				

이처럼 전일제는 단지 머무는 시간을 늘리는 제도가 아니라, 아이들의 삶을 학교 안에서 조화롭게 구성하는 교육 방식이다. 학습과 놀이, 돌봄과 체험이 유기적으로 연

결된 하루를 통해 아이들은 더 풍부한 경험을 하고, 사회성과 정서도 자연스럽게 발달한다.

따라서 전일제는 일부만을 위한 선택지가 아니라, 모든 학생에게 보편적으로 보장되어야 할 공교육의 기본 모델이 되어야 한다. 아이들의 하루 일과가 학교 안에서 안정적으로 이어질 때, 학습격차와 사교육 의존, 돌봄 공백 같은 구조적 문제도 함께 풀어갈 수 있다.

공교육이 사교육 시장에 넘겨준 시간을 되찾지 못한다면, 아무리 새로운 프로그램을 도입하고 교과서를 바꾼다해도 근본적인 변화를 기대하기는 어렵다. 지금의 학교는 여전히 수업만 하는 공간에 머물러 있을 뿐, 방과후 생활과 연결된 통합적인 교육을 지원하지 못하고 있다.

이제는 개별 교과나 활동 중심의 단편적인 개선을 넘어, 아이의 하루를 학교 안에서 어떻게 구성할 것인지에 대한 근본적인 질문이 필요하다. 학습과 생활, 돌봄이 단절되지 않고 하나의 흐름으로 이어지기 위해서는 학교 운영의 구조 자체를 새롭게 설계해야 한다. 전일제는 바로 그 변화의 출발점이다.

초등 전일제는
세계적인 흐름

전일제는 현재 많은 OECD 국가에서 일반적인 학교 운영 방식으로 자리 잡고 있다. 맞벌이 가정이 늘면서 학교가 수업뿐만 아니라 돌봄까지 책임져야 한다는 사회적 요구가 커졌기 때문이다. 이는 단순한 운영상의 변화가 아니라, 시대 변화에 맞춰 공교육의 역할이 확장된 결과다.

또한 전일제는 교육격차를 줄이기 위한 대응책이기도 하다. 2008년 글로벌 금융위기 이후 전 세계적으로 경제적 양극화가 심화되면서, 계층 간 교육 불평등이 주요 사회문제로 떠올랐다. 특히 초등학교 때부터 부모의 사회·경제적 배경과 학습 환경에 따라 아이들 사이의 교육격차가 발생하기 시작하며, 그 차이는 시간이 갈수록 점점 더 벌어지고 있다.

초등학교는 기초학력과 사회성이 형성되는 결정적 시기다. 이 시기의 교육 경험이 이후의 학업 성취는 물론, 아이의 정서 발달과 대인 관계 능력에도 깊은 영향을 끼친다. 이처럼 초등교육의 중요성을 인식한 많은 OECD 국가들은 공교육에 대한 국가 책임을 점차 강화해왔다. 덴마크, 핀란드, 독일 등은 교육격차를 줄이기 위해 공교육 시간을 늘리고, 수업의 질과 학습 환경을 개선하는 데 힘을 쏟고 있다.

그중에서도 전일제를 도입해 성공적으로 운영 중인 독일과 덴마크의 사례는 제도 변화가 단순히 운영 방식을 바꾸는 데 그치지 않고, 어떻게 공교육의 질과 형평성을 동시에 높일 수 있는지를 잘 보여준다.

독일이 학교 운영을 전일제로 전환하게 된 데는 두 가지 계기가 있었다. 하나는 사회구조의 변화였고, 다른 하나는 학업성취 평가에서 드러난 기존 교육 시스템의 한계였다.

전통적으로 독일은 '교육은 학교에서, 돌봄은 가정에서'라는 이분법적 인식이 강해 오랫동안 반일제 수업을 유지해왔다. 그러나 맞벌이 가정의 증가로 방과후 돌봄 공백이 현실적인 문제로 떠올랐고, 학교의 역할 확대는 더는 미룰 수 없는 과제가 되었다.

이러한 사회 변화와 더불어 교육 시스템을 근본적으로 돌아보게 한 사건이 있었다. 2000년 OECD에서 실시한 제1회 국제학업성취도평가PISA에서 독일은 32개국 중 21위를 기록하며 기대에 한참 못 미치는 성적을 받았다. 이른바 'PISA 쇼크'로 불리는 이 사건은 독일 사회에 큰 충격을 주었다. 원인을 분석한 결과, 학생의 학업성취가 개인의 노력보다 부모의 소득 수준과 더 밀접하게 연관되어 있다는 사실이 밝혀졌다. 특히 이민자 가정 아이들의 학습 부진은 교육 불평등의 심각성을 적나라하게 보여주었다.

이를 계기로 독일은 전면적인 교육 개혁에 나섰고, 그 중심에 전일제 학교가 있었다. 독일의 전일제 학교Ganztagsschule는 학습과 돌봄을 통합해 하루 7시간 이상 운영되는 형태로,[17] 자율 참여 방식의 '열린 전일제'와 필수 참여 방식의 '의무 전일제'로 나뉜다.

2003년부터 희망하는 학교를 대상으로 전일제 수업이 도입되었고, 연방정부는 예산을 지원하되 각 주가 자율적으로 추진하도록 했다. 초기에는 교사들의 반발과 운영상의 논란도 있었지만, 3년 만에 절반이 넘는 초등학교가 전일제를 선택할 만큼 현장 반응은 긍정적이었다.

그 효과는 수치로도 확인됐다. 2012년 PISA에서 독일 학생들의 평균 성적이 상승했으며, 특히 저소득층과 이민자 가정 아이들의 학업성취가 눈에 띄게 향상되었다. 이러한 성과를 바탕으로 2021년 독일 연방의회는 '전일제 교육 지원법'을 제정했으며, 이에 따라 2026년부터 모든 초등학생이 오후 4시까지 전일제 교육을 받을 수 있는 권리를 갖게 되었다. 또한 부모의 요청에 따라 다양한 수업이 가능해졌다.

이러한 독일의 사례는 전일제 운영이 교육의 공공성을 확장하고, 가정 형편과 관계없이 아이들이 더 고르게 성장할 수 있다는 가능성을 보여주었다는 점에서 의미가 크다.

독일 의무 전일제 초등학교 시간표 ◆

구분	시간	월	화	수	목	금
블록1	08:00-09:30	수업	체육/운동장	수업	수업	수업
	09:30-10:00	휴식	휴식	휴식	휴식	휴식
블록2	10:00-11:00	수업	수업	수업	수업	수업
	11:00-11:30	휴식	휴식	체육	휴식	휴식
	11:30-12:00	자유시간	자유시간	체육	자유시간	자유시간
블록3	12:00-13:00	자습	자습	자습	자습	프로젝트
	13:00-13:30	점심	점심	점심	점심	점심
	13:30-14:00	휴식	휴식	휴식	휴식	휴식
블록4	14:00-15:00	수업	수업	귀가 또는 AG	수업	귀가 또는 스포츠 활동
	15:00-16:00	자유시간	자유시간		자유시간	

◆ AG(Arbeitsgemeinschaft)는 학교 내 특별활동

덴마크의 전일제 학교

'교육의 천국'으로 불리는 덴마크는 유럽연합EU 국가 중 교육에 가장 많은 재정을 투입하는 나라다. 2007년 기준 국내총생산GDP 대비 7%를 교육 예산으로 사용했으며, 이는 EU 평균인 4.9%를 크게 웃도는 수치다. 이러한 막대한 투자 덕분에 덴마크는 뛰어난 교육 인프라와 높은 교육 만족도를 자랑하게 되었다.

그런데 그런 덴마크에서도 변화를 요구하는 목소리가 터져 나왔다. 2010년 이후 PISA 평가에서 학생들의 성적이 기대에 미치지 못하면서 '투자에 비해 성과가 낮다'는 비판이 제기된 것이다. 학업성취도가 낮고 교육격차 문제도 해결되지 않는다면, 아무리 돈을 많이 써도 의미가 없다는 지적이었다.

이러한 문제점을 인식한 덴마크 정부는 2014년에 '기초공립학교개혁Folkeskolereform'을 단행했다. 핵심 목표는 기초학력을 강화하고, 문해력과 창의적 문제해결력 같은 21세기에 필요한 역량을 기르는 것이었다. 이를 위해 정규 수업 시간을 늘리는 대신, 선택사항이던 방과후 수업은 점차 축소했다. 특히 국어, 수학, 과학 등 주요 과목의 수업 시간을 대폭 확대했다. 이에 따라 1~4학년의 정규 수업은 오후 1시에서 3시로 2시간 연장되었고, 아이들의 전인적 발달을 고려해 최소 45분은 놀이나 신체활동을 반드시 포함하도록 했다.

하지만 개혁은 순조롭지 않았다. 정규 수업 시간이 늘어나면서 교사들의 수업 준비 시간이 줄고, 자율권이 침해된다는 우려가 제기되었다. 그에 따라 교육의 질이 오히려 낮아질 수 있다는 비판도 뒤따랐다. 교사들은 강하게 반발했고, 전국적인 파업으로 이어졌다. 약 6만 명의 교사들이 4주 동안 출근을 거부하자, 지방정부는 급여를 중단하며 강경 대응에 나섰다. 갈등은 의회의 업무 복귀 명령으로 가까스로 봉합되었다.[*]

이후 덴마크 정부는 공교육 개혁의 방향을 꾸준히 점검

---

[*] 이와 관련해 크누센(Knusen) 덴마크 교육부 차관보는 일반적인 경우 근로계약 당사자인 교사노조와 사용자인 지방정부 간의 합의를 통해 정책을 추진하지만, 합의가 안 될 경우에는 법령을 통해서 정책을 강제하는 방식을 따른다고 밝혔다. 그는 이것을 사용자 중심의 법체계와 문화에 기반한 덴마크 특유의 접근 방식이라고 설명했다.

해 나갔다. 2014년에 개혁을 시행한 뒤 5년간의 평가를 거쳐 2019년에는 초등학교 3학년까지의 수업 과정을 일부 조정했다. 선택 수업을 30분 더 줄이는 대신 특별활동을 강화하고, 학교의 자율성을 늘리는 방향으로 정책을 보완했다.[18]

덴마크 공립 기초학교 시간표(2018-2019) ◆

구분	시간	내용
아침 SFO	06:30~08:00	페다고 담당
1교시	08:00~09:30	
오전 간식 및 휴식	09:30~10:00	
2교시	10:00~11:00	
점심시간	11:00~11:30	도시락
휴식시간	11:30~12:00	
3교시	12:00~14:00	
(오후 간식 및 휴식)	13:30~14:00	3교시에 포함
방과후 SFO	14:00~17:00	페다고, 0~1학년 겸용 교실

◆ 1. 오덴세 시, 공립 초등학교 0학년 시간표
2. 0학년은 6세 아동을 대상으로 한 초등학교에서 운영되는 예비 학년
3. SFO(SkoleFritidsOrdning)는 우리 돌봄교실과 유사
4. 페다고는 정규 수업 외 학생의 전인적 성장을 지원하는 전문 교육자

이러한 덴마크의 사례는 학교 운영 방식과 함께 교육의 구조를 바꿔 전일제 교육을 효과적으로 구현한 대표적 사례로 평가받는다.

이렇듯 독일과 덴마크를 비롯한 많은 OECD 국가들이 초등 전일제를 도입하게 된 데는 몇 가지 공통된 문제의식이 있었다. 첫째, 맞벌이 가정의 증가로 돌봄 수요가 크게 늘어나면서 학교의 돌봄 기능이 강화될 필요가 있었다. 둘째, 교육격차를 줄이고 출발선에서의 평등을 보장하기 위해, 학교가 보다 적극적인 역할을 해야 한다는 요구가 커졌다. 셋째, 학교는 더 이상 지식만을 전달하는 곳이 아니라, 아이들의 전인적 성장을 지원하는 공간으로 바꿔야 한다는 사회적 기대가 높아졌다. 이러한 흐름 속에서 전일제는 가장 현실적이고 효과적인 해법으로 떠올랐다.

우리나라 역시 유사한 문제에 직면해 있다. 돌봄 수요는 계속 증가하고, 교육격차는 갈수록 커지며, 공교육에 대한 신뢰는 점차 약해지고 있다. 그런데도 대부분의 초등학교는 여전히 오전 수업 중심의 운영 방식에서 벗어나지 못하고 있으며, 오후 시간은 사교육, 놀이, 돌봄 등으로 제각각 흩어져 있다. 해외 주요국들이 하루 전체를 학교 안에서 통합적으로 설계하고 운영하는 데 반해, 우리는 여전히 교육과 돌봄이 따로 노는 구조에 머물러 있는 것이다.

이러한 구조적 한계를 극복하려면, 공교육의 역할을 다시 정의할 필요가 있다. 교육과 돌봄이 분리되어 흘러가는 지금의 구조로는, 공교육이 맡아야 할 본래의 역할을 온전히 수행하기 어렵다. 교육격차를 줄이거나, 아이들에게 필요한 역량을 길러주는 데도 분명한 한계가 있다. 학교가 학습과 돌봄, 성장과 발달을 함께 책임지는 구조로 전환될 때, 공교육은 모든 아이에게 안정된 배움의 기회를 제공하고, 잃어버린 신뢰도 회복할 수 있다.

성공적인 전일제를 위한 조건들

　전일제 전환은 선언만으로 이루어지지 않는다. 학교가 아이의 하루 전체를 교육적으로 책임지는 체제로 바뀌기 위해서는, 이를 뒷받침할 구체적인 조건들이 갖춰져야 한다. 교사 확보 및 배치, 예산 마련, 공간 재구성 등 핵심 기반이 준비되지 않으면, 전일제가 교육 현장에서 제대로 자리 잡기 어렵다.

그중에도 가장 직접적이고 현실적인 과제는 '전일제 운영에 필요한 교사를 어떻게 확보하고 배치할 것인가'다. 단순한 증원이 아니라, 교사의 역할과 운영 방식을 고려한 체계적인 접근이 필요하다.

교사 확보 및 배치

전일제 운영은 수업뿐만 아니라 생활지도와 돌봄까지 학교가 전체적으로 책임지는 구조로의 전환을 의미한다. 이에 따라 교사에게는 단순한 지식 전달자를 넘어, 아이의 하루를 함께 설계하고 이끄는 교육적 동반자로서의 역할이 요구된다.

문제는 이러한 변화가 교사의 업무 부담을 더욱 키울 수 있다는 점이다. 실제로 전일제 도입을 두고 교육 현장에서 가장 크게 제기되는 우려도 바로 여기에 있다. 따라서 전일제 운영이 교사에게 과도한 부담으로 작용하지 않도록 필요한 인력을 추산하고, 이를 체계적으로 확보하는 일이 무엇보다 중요하다.

그렇다면 기존 교사들에게 업무 부담을 가중시키지 않는다는 조건 아래, 전일제 운영에 필요한 교사 수는 얼마나 될까? 단순 계산을 해보면, '필요한 교사 수＝증가하는 수업 시간÷교사 1인당 평균 수업시수'로 구할 수 있다.

교육부가 발표한 〈2024 한국의 교육지표〉와 〈2024 교육통계연보〉에 따르면, 2023년 기준, 초등교사의 평균 수업시수는 주당 21.1시간이며, 전국 1~4학년 학급 수는 약 7만 6,000개다. 전일제 시행으로 1~2학년은 주당 6시간, 3~4학년은 주당 3시간씩 수업 시간이 늘어난다고 가정하면, 학급당 평균 4.5시간이 추가된다. 이를 바탕으로 필요한 교사 수를 계산하면 다음과 같다.

$$76,000 \times 4.5 \div 21.1 ≒ 16,208명$$

즉, 전일제로 전환했을 때 추가로 필요한 최소 교사 수는 약 1만 6,000명 정도라는 결론이 나온다.

물론 이는 단순 추정일 뿐이며, 실제 교육 여건을 모두 반영한 수치는 아니다. 지역별로 학급당 학생 수나 수업

시수의 증가 폭이 다르고, 학교 규모나 운영 방식도 각기 다르기 때문에 실제로 필요한 교사 수는 예측값과 다소 차이가 날 수 있다.

하지만 최근 학령인구 감소로 인해 교사 1인당 학생 수, 학급당 학생 수, 교사 1인당 수업시수 등 여러 지표가 과거보다 개선된 점을 감안하면, 지금은 전일제 운영을 추진하기에 예전보다 훨씬 유리한 여건이라 할 수 있다. 따라서 대규모 증원 없이도 과원교사를 적극 활용하고, 교사 간 역할 분담 체계를 강화하며, 기존 인력을 효율적으로 재배치하는 방식으로 필요한 인력의 상당 부분을 확보할 수 있을 것으로 보인다.

과원교사의 적극적인 활용　실제로 초등학생 수 감소로 인해 해가 갈수록 교육 현장에서 충분히 활용되지 못하는 과원교사 수가 점점 늘어날 것으로 전망된다. 이는 '학생 수 감소에 따른 과원교사 수 변화'를 보면 알 수 있다.[19]

학생 수 감소에 따른 과원교사 수 변화(2024년도 기준) ◆

학년도	학생 수 (교육통계 활용)	① '24년도 교과담당 교사 수 유지 시		교과담당 교사 1인당 학생 수			
				② '24년 14.50명 유지		③ OECD '22년 평균 14.0명 기준	
		교과담당 교사 수	교사 1인당 학생 수	필요 교사 수	과원 교사 수	필요 교사 수	과원 교사 수
2018	2,711,385	165,711	16.36	186,992	-21,281	193,670	-27,959
2019	2,747,219	167,007	16.45	189,463	-22,456	196,230	-29,223
2020	2,693,716	167,184	16.11	185,774	-18,590	192,408	-25,224
2021	2,672,340	168,186	15.89	184,299	-16,113	190,881	-22,695
2022	2,664,278	171,017	15.58	183,743	-12,726	190,306	-19,289
2023	2,603,929	170,840	15.24	179,581	-8,741	185,995	-15,155
2024	2,495,005	172,127	14.50	172,069	58	178,215	-6,088
2025	2,401,146	172,127	13.95	165,596	6,531	171,510	617
2026	2,267,367	172,127	13.17	156,370	15,757	161,955	10,172
2027	2,104,269	172,127	12.23	145,122	27,005	150,305	21,822
2028	1,926,411	172,127	11.19	132,856	39,271	137,601	34,526
2029	1,769,354	172,127	10.28	122,024	50,103	126,382	45,745
2030	1,641,611	172,127	9.54	113,215	58,912	117,258	54,869

◆ 1. 학생 수는 국·공·사립 포함, '25년 이후 학생 수는 2018~2023년 출생아 수 합계에 100% 취학률 적용

2. 교과담당 교사 수는 전체 교원(특수·기간제 포함)에서 교장·교감·보건·영양·사서· 상담교사 제외('24년 기준 24,471명)

이 표는 〈2024 교육통계분석자료집〉과 〈2023 출생통계〉를 기준으로 예측한 것으로, 완전 취학 상태인 100% 취학률을 적용하여 계산했다. 교과담당 교사 수는 특수교사와 기간제 교사를 포함한 전체 교사 중에서 교장·교감·보건·영양·사서·상담교사 등을 제외한 수치다. 표의 내용을 설명하면 다음과 같다.

① 2024학년도 교과담당 교사 수인 172,127명을 2030학년도까지 유지할 시, 교사 1인당 학생 수는 14.50명에서 9.54명으로 빠르게 줄어든다. 우리나라는 2024학년도에 OECD 평균에 근접하게 되고, 2025학년도부터 이를 추월할 것으로 예측된다.

② 2024학년도 교과담당 교사 1인당 학생 수인 14.50명을 유지할 경우, 2024학년도부터 과원교사가 발생하기 시작해 2026학년도에는 약 1만 6,000명, 2028학년도에는 약 3만 9,000명, 2030학년도에는 약 5만 9,000명까지 빠르게 증가할 것으로 예측된다.

③ 2022학년도 OECD 평균 교사 1인당 학생 수인 14.0명

을 기준으로 하면, 2025학년도에는 617명의 과원교사가 발생하고, 2026학년도부터는 OECD 평균을 크게 초과하기 시작해 2030학년도에는 과원교사 수가 약 5만 5,000명에 이를 것으로 예측된다.

앞서 전일제 운영에 추가로 필요한 최소 교사 수가 1만 6,000명 수준임을 고려하면, 2026학년도 시범사업을 거쳐 2027학년도부터는 늘어나는 과원교사를 전략적으로 재배치하는 것만으로도 전일제 도입은 충분히 실현 가능해 보인다.

역할 분담 체계 강화　현재 교육부는 학생 수 감소에 맞춰 신규 교사 채용 규모를 단계적으로 줄이는 한편, 단기 계약직 중심의 돌봄 인력을 확대하고 있다. 그러나 이들은 수업을 전담하지 않기 때문에, 교육의 연속성이나 전문성을 확보하기 어렵다.

특히 아이들의 하루를 책임지는 전일제 체제에서는 정규 교사의 역할이 더욱 중요해진다. 문제는 지금처럼 한 명의 담임교사가 수업은 물론 생활지도, 상담, 행정 업무까지 학급의 거의 모든 일을 도맡는 구조로는 전일제를 안정적으로 운영하기 어렵다는 점이다. 수업 외에도 돌봄과 다양한 활동이 포함되는 만큼, 학생들이 학교에 머무는 시간이 길어질수록 교사의 업무 부담은 커질 수밖에 없다. 이는 결국 수업의 질을 떨어뜨리는 결과로 이어질 위험이 크다. 따라서 여러 교사가 업무를 나누어 맡을 수 있도록 교사 간 역할 분담 체계를 강화하는 것이 시급하다.

예를 들어, 영어나 예체능 같은 특정 과목에 전문 교사를 배치해 수업의 전문성과 집중도를 높이는 '교과전담제', 한 학급에 두 명 이상의 교사가 협력해 수업과 생활지도를 나누는 '공동담임제' 같은 방안을 적극 검토할 필요가 있다. 또한 방과후 활동을 전담하는 교사나, 학교의 행정 업무를 전담할 인력을 별로도 두어 담임교사에게 집중된 업무 부담을 줄여주는 지원 체계 마련도 중요하다.

유연한 교사 배치 전일제를 지속 가능하고 균형 있게 운영하려면, 지역 간 교사 수급 불균형 문제도 함께 해결해야 한다. 현재 대도시에는 교사 인력이 집중되는 반면, 농어촌이나 도서 지역은 교사 부족으로 인해 정규 수업조차 원활히 진행되지 않는 경우가 많다.

전일제는 수업 외에도 돌봄, 생활지도, 체험활동 등 다양한 교육활동을 포괄하기 때문에 일정 수준 이상의 교사 확보가 필수적이다. 이러한 현실을 고려할 때, 획일적인 교사 배치 방식에서 벗어나 지역 여건에 따라 유연하게 대응할 수 있는 접근이 필요하다.

예를 들어, 일정 기간 농어촌에서 근무하는 '순환 근무제', 단기적으로 교사를 투입하는 '파견 교사제' 같은 방안을 도입하면, 지역 간 교사 수급 불균형을 완화할 수 있다.

하교 시간 일원화

전일제가 아이들의 일상에 자연스럽게 스며들기 위해서는, 교육 내용뿐 아니라 운영 방식에서도 변화가 따라야 한다. 그중 하나가 전 학년의 하교 시간을 통일하는 것이다. 학년마다 하교 시간이 다르면 형제자매 간 동선이 엇

갈리고, 맞벌이 가정에서는 돌봄 공백이 생기기 쉽다. 하교 시간이 통일되면 돌봄 부담이 줄고, 아이들도 익숙한 환경에서 안전하게 시간을 보낼 수 있다.

또한 하교 시간 일원화는 학교가 하루 일과를 하나의 흐름으로 설계할 수 있는 기반이 된다. 오전에는 국어, 수학처럼 기초 학습 중심의 수업을 배치하고, 오후에는 예체능이나 창의활동, 진로 탐색 같은 프로그램이 자연스럽게 이어지는 구성은 학습 효과는 물론, 아이들의 만족도도 함께 높일 수 있다.

다만 이를 모든 학교에 일괄적으로 적용하기보다는, 지역과 학교별 여건을 충분히 고려해야 한다. 교사 수, 활동 공간, 지역 자원 등 학교마다 처한 현실이 다르기 때문이다. 예를 들어, 농어촌의 소규모 학교는 인력과 시설이 부족한 반면, 대도시 과밀학교는 교실 부족과 돌봄 수요 과잉이라는 정반대의 과제를 안고 있다.

독일도 2003년부터 초등학교 전일제 전환을 추진하면서 연방정부가 재정과 제도적 기반을 마련하되, 각 주와 학교가 운영 방식을 자율적으로 선택할 수 있도록 했다.

하나의 모델을 강제하기보다 학교별 여건에 따라 전일제를 탄력적으로 구현할 수 있도록 한 것이다.

이처럼 학교마다 다른 현실을 반영하면서도, 하루 일과를 하나의 교육적 흐름 안에서 설계하는 구조적 전환이 이루어져야 전일제가 성공적으로 자리 잡을 수 있다.

학교 공간의 재구성

전일제는 아이들이 아침부터 오후까지 학교에서 생활하는 구조인 만큼 학교 공간도 그에 맞게 달라져야 한다. 하지만 현재 대부분의 초등학교는 여전히 교실 중심의 구조에 머물러 있다. 교실은 칠판을 바라보는 고정된 책상 배열로 구성되어 있고, 놀이와 휴식을 위한 공간은 턱없이 부족하다. 돌봄교실이나 방과후 수업 공간 역시 '남는 교실'을 임시로 활용하는 경우가 많다.

정규 수업 이후에도 아이들이 학교에 머무르려면, 수업 공간 외에도 자율활동이 가능하고 다양한 프로그램을 담아낼 수 있는 환경이 필요하다. 학교는 단지 배우는 공간을 넘어, 머물고 쉴 수 있는 생활의 장이 되어야 한다.

최근 몇 년 사이 우리나라 초등학교에서도 그린스마트
미래학교*, 학교공간혁신, 혁신학교 네트워크 등 학교 공
간을 유연하게 바꾸려는 다양한 시도가 이어지고 있다.[20]
하지만 이런 변화는 일부 혁신학교나 시범사업 대상 학교
에 국한될 뿐이다. 많은 학교가 구조적 제약이나 예산 문
제, 공간 활용에 대한 인식의 한계로 인해 기존의 교실 중
심 구조에서 벗어나지 못하고 있다. 특히 도심 지역이나 과
밀학교의 경우 공간을 새롭게 구성할 물리적 여유조차 없
는 것이 현실이다.

그러나 전일제 운영에서 공간의 재구성은 모든 학교가
준비해야 할 기본 조건이다. 아이들이 하루를 건강하고
즐겁게 보내기 위해서는 정형화된 학교 공간에서 벗어나
다양한 활동과 놀이, 쉼이 어우러지는 공간으로 전환되어
야 한다.

---

* 노후화된 학교 시설을 학생 중심의 친환경적이고 디지털 기반의 학습
  공간으로 바꾸는 교육공간 혁신 프로젝트다.

원주 섬강초 놀이실

원주 섬강초 복도와 계단 활용

서울 면동초 놀이실

서울 면동초 도서관

서울 문성초 교실 뒤 공간 활용

서울 세륜초 교실 뒤 공간 활용

아이들이
머물고 싶은 학교로

　학교가 끝나자마자 아이들이 줄지어 교문을 빠져나간다. 어떤 아이는 곧장 학원으로 향하고, 어떤 아이는 집에서 혼자 시간을 보낸다. 방과후 시간을 어떻게 보낼지 결정하는 것은 이제 학교가 아니라 가정과 시장의 몫이 됐다. 지금의 학교는 '머물고 싶은 공간'이기보다는, 하루 일정을 잠시 소화하는 장소가 되고 있다.

　이러한 현실 속에서 전일제 교육에 대한 사회적 관심

이 점점 높아지고 있다. 하지만 여전히 전일제를 '아이들을 더 오래 학교에 붙잡아 두는 제도'로 오해하는 시선도 적지 않다. 돌봄교실이나 방과후학교가 시간만 채우는 방식으로 운영되어 온 경험이, 전일제에 대한 불신으로 이어진 탓이다. 교사들 사이에서도 실효성에 대한 의문과 함께 업무만 늘어나는 것이 아니냐는 우려가 강하다.

하지만 전일제는 단순히 시간을 늘리는 제도가 아니다. 핵심은 학교에서 보내는 시간을 어떻게 구성하느냐에 달려 있다. 전일제가 형식에 그치지 않으려면, 아이들의 하루를 의미 있는 배움으로 채워야 한다. 결국 중요한 것은 '시간의 양'이 아니라, 아이들이 학교에서 누리는 '교육의 질'에 있다.

따라서 전일제를 수업 시간을 연장하는 방식으로 접근해서는 성공할 수 없다. 교육 내용과 방식, 학교 운영 구조 전반에 걸친 '질적 전환'이 필요하다. 정규 수업 이후의 활동이 단절되지 않고 하나의 교육 흐름으로 이어질 수 있도록 설계되어야 한다.

전일제를 두고 흔히 제기되는 걱정 중 하나는, 학교에

머무는 시간이 길어지면 아이들이 피로해지지 않겠냐는 우려다. 하지만 현실을 들여다보면, 많은 아이들이 수업을 마치자마자 여러 학원을 옮겨 다니며, 이른바 '학원 뺑뺑이' 속에서 더 분주하고 단조로운 하루를 보내고 있다.

오히려 전일제는 학교라는 안전하고 익숙한 공간 안에서, 아이들이 자신의 흥미와 잠재력을 발견하고 주도적으로 성장할 수 있는 환경을 제공한다. 전일제가 안정적으로 운영된다면, 오전에는 정규 교과 학습에 집중하고, 오후에는 프로젝트 활동, 예체능, 생활교육 등 다양한 경험을 통해 배움이 자연스럽게 확장되는 균형 잡힌 하루를 만들어 갈 수 있다.

전일제로의 전환은 학교가 단순히 수업만 하는 곳에서, 아이들의 하루 전체를 설계하고 책임지는 공간으로 바뀌는 일이다. 이를 위해서는 교육과정 구성부터 교사 배치, 공간 활용까지 학교 운영 전반을 다시 설계해야 한다. 이는 단지 하나의 제도를 개선하는 것을 넘어, 공교육의 본질을 회복하는 일이기도 하다.

준비되지 않은 전일제는 아이도 교사도 지치게 만들 뿐

이다. 그러나 충분한 교육적 설계와 운영 기반이 뒷받침된다면, 전일제는 아이의 하루를 의미 있는 배움으로 채우고, 학교를 머물고 싶은 공간으로 바꿀 수 있다.

초등 전일제를 둘러싼
7가지 질문과 답변

초등 전일제에 대한 궁금증은 여전히 많다.
무엇이 어떻게 달라지는지, 왜 필요한지,
과연 실현 가능한 일인지에 대한 질문이 반복되고 있다.
혼란을 줄이고 논의를 구체화하기 위해
가장 자주 제기되는 7가지 질문을 중심으로
핵심 내용을 정리했다.

저학년 아이들을 오후 3시까지
학교에 머물게 하는 것은
아동 발달에 부정적인 영향을 미친다?

　전일제 도입을 두고, 어린아이를 오후 3시까지 학교에 붙잡아두는 것이 과연 아동 발달에 이로운지, 어른들의 편의만을 위한 정책은 아닌지에 대한 비판이 제기되고 있다. 그러나 현실적으로 영유아 어린이집은 오후 4시 이후에 하원하고, 유치원 누리과정 역시 초등 저학년보다 늦게 종료된다. 결국 머무는 시간 자체보다 그 시간을 어떻게 구성하는지가 더 중요한 문제라 할 수 있다.

　전일제는 단순히 학교에 오래 머무르게 하는 제도가 아니다. 아이들은 안전한 환경에서 수업과 돌봄, 다양한 활동이 유기적으로 연결된 하루를 보내게 된다. 방과후 시간에 예체능, 창의활동, 프로젝트 학습 등을 균형 있게 배치

하면, 오히려 사교육보다 더 깊이 있는 학습 경험을 제공
할 수 있다.

　따라서 전일제가 단순 돌봄이나 획일적인 학습으로 흐
르지 않고, 충분한 교육적 설계와 운영 기반 위에 제대로
구현된다면, 아이들의 자유를 제한하거나 아동 발달에 부
정적인 영향을 미칠 것이라는 우려를 떨쳐낼 수 있을 것
이다.

전일제가 학교 교육과정 운영의
자율성을 침해한다?

전일제가 학교 교육과정 운영의 자율성을 침해한다는 주장도 있지만, 이는 사실과 다르다. 현재 초등학교는 교육과정의 20% 범위 내에서 수업시수를 자율적으로 조정할 수 있도록 되어 있다. 그러나 실제로는 대부분의 학교가 최소 시수만 채우고 있어, 학교 간 운영의 차별화는 거의 나타나지 않는다.

전일제 운영으로 학생들이 학교에 머무는 시간이 확대되면, 충분한 휴식시간을 제공하면서도 스포츠 활동, 악기 연주, 개인별 맞춤형 지도 등 학교마다 차별화된 프로그램을 편성할 수 있는 여지가 늘어난다.

따라서 전일제 운영은 학교의 자율성을 제한하는 것이

아니라, 교육과정을 더욱 다양하고 창의적으로 구성할 수 있는 기회를 제공하며, 학교별 특색을 강화하는 계기가 될 수 있다.

모든 학생의 하교 시간을 연장하는 것은
획일화된 교육정책이 아닌가?

　초등 저학년은 기초학력과 사회성이 형성되는 결정적 시기다. 아이마다 출발점이 다르면 학년이 올라갈수록 교육격차는 더 벌어진다. 따라서 이 시기에 충분한 공교육을 제공해주는 일은 무엇보다 중요하다.

　그러나 우리나라는 다른 OECD 국가에 비해 연간 법정 수업시수가 현저히 적은 수준이다. 예를 들어 호주는 1,000시간, 미국 974시간, 캐나다 922시간, 일본 778시간인데 반해, 한국은 고작 655시간에 불과하다. 정규 수업 시간이 절대적으로 부족하다 보니 학생들은 긴 오후 시간을 사교육에 의존할 수 밖에 없다.

　그러므로 사교육이 감당하고 있는 다양한 교육 수요를

학교 안으로 흡수하려면, 공교육 시간이 충분히 확보되어야 한다. 전일제는 단순히 하교 시간을 늦추는 획일화된 제도가 아니다. 학생과 학부모가 바라는 다양한 교육적 요구를 공교육 안에서 실현하고, 모든 아이에게 양질의 교육을 제공하는 것을 목표로 한다.

전일제가 도입되면
교사들의 업무 부담이 늘어나
오히려 교육의 질이 떨어질 것이다?

　우리나라 초등학교 저학년 담임교사는 주당 23~25시간의 수업 외에도 기본적인 생활지도, 행정 업무, 학부모 민원 등을 처리하느라 업무가 과중한 편이다. 따라서 전일제가 도입될 경우 추가 업무로 인해 교사들의 피로도가 증가해 공교육의 질이 떨어질 수 있다는 우려가 제기되고 있다.

　그러나 이는 전일제 제도 자체의 문제가 아니라, 어떻게 운영하느냐에 따라 달라지는 문제다. 전일제를 도입한다고 해서 모든 업무를 교사 개인이 떠안는 방식으로 운영해야 하는 것은 아니다. 전일제를 안정적으로 운영 중인 다른 나라들을 보면 방과후 프로그램은 별도의 전담 인력이나 지역사회 기관이 협력하여 운영하고 있으며, 교사는 수업과 생활지도에만 집중하도록 하고 있다.

따라서 우리나라도 전일제 운영에 필요한 인력 기반을 갖추는 일이 무엇보다 중요하다. 학생 수가 감소하더라도 학교별 교사 수를 현재 수준으로 유지하고, 과원교사를 교육활동 중심으로 재배치하는 방안을 적극 검토할 필요가 있다. 또한 방과후 활동과 행정 업무를 전담할 인력을 별도로 확보해, 담임교사의 부담을 덜고 수업에 전념할 수 있는 여건을 마련해야 한다.

전일제를 일률적으로 시행하기보다는
학부모의 선택권을 보장해야 하지 않나?

충분한 사회적 논의와 공감대 형성을 통해 우리 교육문화에 적합한 초등학교 전일제 방안을 마련하는 것이 중요하다. 다만, 우리나라 특유의 사교육 의존 풍토와 학부모 불안심리 등을 고려할 때 전국의 국공립 초등학교에서 동시에 시행하는 편이 부작용을 최소화할 수 있을 것으로 보인다. 저소득층이나 맞벌이 가정의 경우 선택권이 제한적일 수밖에 없기 때문이다.

우리나라는 공교육 시간이 짧고 오후 여유시간이 많아 이미 학원이나 방과후학교 등 학부모 선택권이 폭넓게 인정되고 있다. 이러한 상황에서 전일제를 일률적으로 시행하지 않고, 학부모 선택에 맡긴다면, 공교육의 기능과 역할을 강화하려는 본래의 목표를 달성하기 어려울 것이다.

지금 필요한 것은 학교가 양질의 돌봄과 교육을 제공하여 학생들이 사교육 시장으로 내몰리지 않도록 하는 것이다. 이를 위해 전일제를 일률적으로 시행하되, 구체적인 운영 방안에 대해서는 세밀하고 현실적인 논의를 거치는 것이 합리적이다.

정규 수업 시간을 늘리는 대신에
돌봄교실과 방과후학교를
확대하면 되지 않을까?

　겉으로 보면 돌봄교실이나 방과후학교, 최근 도입된 늘
봄학교까지도 전일제와 유사한 효과를 낼 수 있을 것처럼
보인다. 하지만 실제 교육 현장을 들여다보면, 단순히 돌봄
과 방과후 프로그램을 늘리는 방식만으로는 전일제가 지
향하는 방향인 교육의 통합적 설계와는 거리가 있다.

　가장 큰 문제는 하루의 흐름이 끊긴다는 점이다. 정규
수업과 방과후 프로그램은 운영 주체도 다르고, 내용과 질
역시 크게 차이가 난다. 아이의 하루는 오전 수업에서 오
후 돌봄으로 단순히 이어질 뿐, 배움과 생활이 자연스럽게
연결되는 교육적 흐름을 만들기에는 한계가 분명하다.

　게다가 돌봄 중심의 확대로는 초등학생 돌봄 수요를 안

정적으로 감당하기 어렵다. 현재 초등 돌봄 정책은 공급이 수요를 끌어올리는 구조적 문제를 안고 있다. 돌봄을 확대할수록 잠재 수요가 실수요로 전환되면서, 공급이 수요를 따라가지 못하는 상황이 반복되고 있다.

　이러한 구조적 한계를 극복하려면 단순한 돌봄 확대가 아닌 학교 본연의 교육 기능을 강화하는 방향으로의 전환이 필요하다.

전일제 운영으로 쉬는 시간이 늘면
학교 폭력이 증가할 것이다?

　과학적 근거를 찾기 어려운 주장이다. 국내외 다수의
연구에서 쉬는 시간과 놀이 시간이 아이들의 공격성을 감
소시키고, 집단따돌림을 예방하며, 또래관계 개선과 행복
감을 증가시키는 것으로 나타났다. 또한 쉬는 시간과 학교
폭력 간의 유의미한 관련성이 없다는 연구 결과도 있다.

　따라서 학교 폭력을 걱정하며 쉬는 시간을 제한할 것이
아니라, 학교가 학생들이 충분한 휴식과 놀이를 안전하게
누릴 수 있도록 지원해야 한다.

출처

1 사진: 서울사진아카이브 - 서울보래국민학교 수업시간 1963-11-04, 홍파국민학교 1963-10-22

2 이광현, 권용재(2022). 〈한국과 해외의 초등교원양성체제 변천 과정 비교 분석〉, 《초등교육연구》, 제37집 제2호

3 교육부·한국교육개발원, 〈OECD 교육지표 2023〉

4 통계청·교육부, 〈2024년 초중고 사교육비 조사 결과〉

5 앞의 보고서와 같음

6 앞의 보고서와 같음

7 앞의 보고서와 같음

8 OECD, 〈Education at a Glance〉와 통계청·교육부, 〈초중고 사교육비 조사 결과〉 참조

9 사진: 국립중앙박물관 e뮤지엄 - 가족계획 표어와 가족계획홍보판. 국가기록원 - 산아제한 포스터

10 OECD, 〈Society at a Glance 2024〉

11 교육통계서비스, 〈교육통계연보〉(1964~2024년) 참조

12 교육부, 〈중장기 교원수급계획〉(2024~2027년) 참조

13 OECD, 〈Education at a Glance〉와 교육부, 〈OECD 교육지표 결과발표〉 참조

14 앞의 보고서와 같음

15 교육부, 〈OECD 교육지표 결과발표〉(2013~2024년) 참조

16 서울 동북초등학교 1학년 주간 시간표

17 2018년 2월 독일 초등학교 방문 시 수집한 자료

18   2018년 12월 덴마크 초등학교 방문 시 수집한 자료

19   교육부·한국교육개발원, 〈2024 교육통계분석자료집〉과 교육부,
     〈OECD 교육지표 2024 결과발표〉와 통계청, 〈2023년 출생통계〉
     참조

20   사진: https://www.daain.com/project/view/325?lang=ko&ref=arc
     hitecture, 서울시교육청

초등 전일제가 답이다   초저출생 시대, 공교육 혁신의 기회로

Copyright for text ⓒ2025. 장윤숙 editing & design ⓒ2025. ㈜도서출판 한올림

지은이 | 장윤숙
펴낸이 | 곽미순
편　집 | 박미화
디자인 | 이순영

펴낸곳 | ㈜도서출판 한올림
출판등록 | 1980년 2월 14일(제2021-000318호)
주소 | 서울특별시 마포구 희우정로16길 21
대표전화 | 02-2635-1400
팩스 | 02-2635-1415
블로그 | blog.naver.com/hanulimkids
인스타그램 | www.instagram.com/hanulimkids

첫판 1쇄 펴낸날 | 2025년 6월 3일
ISBN 978-89-5827-152-9 03370